我用尽青春只为寻你

徐志摩传

白落梅 作品

图书在版编目（CIP）数据

我用尽青春只为寻你 / 白落梅著. -- 长沙：湖南文艺出版社, 2019.7
ISBN 978-7-5404-9192-5

Ⅰ.①我… Ⅱ.①白… Ⅲ.①传记文学—中国—当代 Ⅳ.①I25

中国版本图书馆CIP数据核字（2019）第071018号

©中南博集天卷文化传媒有限公司。本书版权受法律保护。未经权利人许可，任何人不得以任何方式使用本书包括正文、插图、封面、版式等任何部分内容，违者将受到法律制裁。

上架建议：畅销书·文学

## WO YONGJIN QINGCHUN ZHI WEI XUN NI
## 我用尽青春只为寻你

| | |
|---|---|
| 作　　者： | 白落梅 |
| 出 版 人： | 曾赛丰 |
| 责任编辑： | 薛　健　刘诗哲 |
| 监　　制： | 于向勇　秦　青 |
| 策划编辑： | 刘　毅 |
| 文字编辑： | 陈文彬 |
| 营销编辑： | 刘晓晨　刘　迪　初　晨 |
| 封面设计： | 末末美书 |
| 版式设计： | 李　洁 |
| 内文排版： | 麦莫瑞 |
| 出版发行： | 湖南文艺出版社 |
| | （长沙市雨花区东二环一段508号　邮编：410014） |
| 网　　址： | www.hnwy.net |
| 印　　刷： | 北京天宇万达印刷有限公司 |
| 经　　销： | 新华书店 |
| 开　　本： | 875mm×1270mm　1/32 |
| 字　　数： | 200千字 |
| 印　　张： | 9.5 |
| 版　　次： | 2019年7月第1版 |
| 印　　次： | 2019年7月第1次印刷 |
| 书　　号： | ISBN 978-7-5404-9192-5 |
| 定　　价： | 58.00元 |

若有质量问题，请致电质量监督电话：010-59096394
团购电话：010-59320018

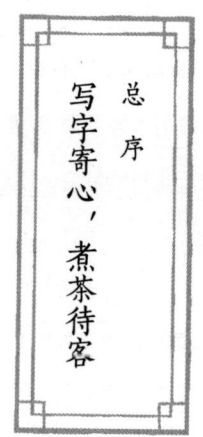

总序
写字寄心，煮茶待客

魏晋之风的琴曲，空灵中有一种疏朗，又有几分哀怨，如冬日窗外的细雨，清澄而寒冷，直抵窗前，落于柔软的心中。

这样的雨日，须隔离了行客，掩门清修，亦不要有知心人。一个人，于静室内，焚一炉香，沏一壶茶，消减杂念。

《维摩诘经》云："一切法生灭不住，如幻如电，诸法不相待，乃至一念不住；诸法皆妄见，如梦如焰，如水中月，如镜中像，以妄想生。"

佛只是教人放下，不生妄想执念。却不知，世间烦恼恰若江南绵密的雨，滴落不止。该是有多少修为，方能无视成败劫毁，看淡荣辱悲喜。那些潇洒之言、空空之语，也不过是历经沧桑之后，转而生出的静意，不必羡慕。

我读唐诗觉旷逸，读宋词觉清扬，看众生于世上各有风采。诗词的美妙，如丝竹之音，又如高山江河，温润流转，有慷慨之势，让人与世相忘，草木瓦砾也是言语，亭阁飞檐也见韵致。

想来这一切皆因有情，如同看一出戏，本是茶余饭后消遣之事，可台下的人，入戏太深，竟个个流泪。然世事人情薄浅如尘，擦去便没了痕迹。他们宁愿在别人的故事里，真实地感动，于自己的岁月中，虚幻地活着。

佛经里说缘起缘灭，荒了情意，让人无求无争。诗词里说白首不离，移了心性，令人可生可死。那么多词句，虽是草草写就，却终究百转千回，似秋霜浓雾，迟迟不散。

翻读当年的文字，如墙角未曾绽放的兰芽，似柴门欲开的梅蕊。那般青涩，不经风尘世味，但始终保持一种新意。远观很美，近赏则有雕琢之痕，不够清澈简净。

## 总序
### 写字寄心，煮茶待客

后来，才学会删繁就简，去浓存淡。知世事山河，不必物物正经，亦难以至善至美。好花不可赏遍，文字不能诉尽，而情意也不可用尽。日子水远山长，自是晴雨交织，苦乐相随。若遇有缘人，樵夫可为友，村妇可作朋，无须刻意安排，但得自然清趣。

琴音瑟瑟，一声声，似在拨弄心弦。几千年前，伯牙奏曲，那弦琴该是触动了钟子期的心，故而有高山流水觅知音的可贵。而文字之妙意，与弦音相同，都是一段心事，几多风景，等候相逢，期待相知。

柳永有词："风流事、平生畅。青春都一饷。忍把浮名，换了浅斟低唱。"他的词，贵在情真，妙在那种落拓之后的洒脱。世上名利功贵纵有千般好，也只是浮烟，你执着即已败了。又或许，人生要从浮沉起落里走出来，才能真的清醒，从容放下。

都说写者有情，读者亦有心。不同之人，历不同的世情，即使读相同的文字，也有不同的感触。有些人，一两句就读到心里去了；有些人，万语千言，亦打动不了其心。

也许，那时的我，恰好与此时的你，心意相通。也许，这时的你，凑巧与彼时的我，灵魂相知。也许，你我缘深，可同看花开花落。也许，你我缘薄，此一生都不会有任何交集。

人间万事，都有机缘。我愿一生清好，在珠帘风影下写几行小字寄心，于廊下堂前煮一壶闲茶待客，不去伤害生灵，也不纠缠于情感，无论晴天雨日，都一样心境，悲还有喜，散还有聚。

当下我拥有的，是清福，还是忧患，亦不去在意，不过是凡人的日子，真实则安好。此生最怕的，是如社燕那般飘荡，行踪难定。唯盼人世深稳，日闲月静，任外面的世界风云变幻，终将是地老天荒。

过日子原该是糊涂的，如此才没有惆怅和遗憾。天下大事，风流人物，乃至王朝的更迭，哪一件不是糊涂地过去？连同光阴时令，山川草木，也不必恩怨分明。糊涂让人另有一种明净豁然，凡事不肯再去相争，纵岁月流淌，仍是静静的，安定不惊。

流年似水，又怎么会一直是三月桃花，韶华胜极？几番峰回路转，今时的我，已是初夏的新荷，或是清秋兰草，心事与从前自是两样。所幸，我始终不曾风华绝代，依旧是谦卑平淡之人。

女子的端正柔顺、通达清丽，让人敬重爱惜。我愿文字落凡尘，亦有一种简约的觉醒，不去感怀太多的世态炎凉。愿人如花草，无论身处何境，都不悲惋哀叹。人世不过经几次风浪，寻常的日子，到底质朴清淡，无碍无忧。

人生得意，盛极一时，所期的还是现世的清静安稳。想当年，母亲亦为佳人，村落里的好山好水，皆不及她的清丽风致；如今却像一株草木，凋落枯萎，又似西风下的那缕斜阳，禁不起消磨。

看尽了人间风景，不知光阴能值几何，如今却晓得珍惜。世上的浮名华贵，纵得到，有一天也要归还，莫如少费些心思。不管经多少动乱，我笔下的文字，乃至世事山河，始终如雪后春阳，简洁安然，寂然无声。

光影洒落，袅袅的茶烟，是山川草木的神韵。我坐于闲窗下，翻读经年的旧文辞章，低眉浅笑，几许清婉，十分安详。

白落梅

# 目录

前言◎ 我用尽青春，只为寻你　001

第一章　民国风景　002

第二章　深宅旧事　011

第三章　朝花夕拾　018

第四章　乱世浮烟　026

第五章　有凤来仪　034

第六章　北国知遇　041

第七章　天涯道路　049

第八章　雨雾之都　056

第九章　康桥之恋　063

第十章　慧极必伤　071

| 第一章 了断前缘 | 079 |
| 第二章 擦肩而过 | 088 |
| 第三章 依从因果 | 095 |
| 第四章 人世诀别 | 103 |
| 第五章 飞鸟新月 | 111 |
| 第六章 命里红颜 | 119 |
| 第七章 民国女子 | 127 |
| 第八章 一往而深 | 135 |
| 第九章 终成眷侣 | 142 |
| 第十章 草木香远 | 149 |

- 第一章 海上花开 156
- 第二章 半生青衣 164
- 第三章 新月如洗 171
- 第四章 渐行渐远 178
- 第五章 再别康桥 187
- 第六章 生活修行 196
- 第七章 山南水北 203
- 第八章 漂泊流转 211
- 第九章 幻灭无形 219
- 第二十章 缘有尽时 227

## 附录一 ◎ 徐志摩生命中的三个女人　234

开到荼蘼花事了——张幼仪　234

你是人间四月天——林徽因　242

一生爱好是天然——陆小曼　250

## 附录二 ◎ 徐志摩诗歌选　260

## 附录三 ◎ 徐志摩年谱　282

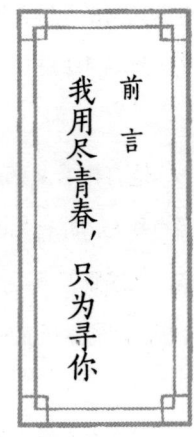

前言
我用尽青春，只为寻你

初夏，江南的烟雨像轻描淡写的诺言若有若无，美丽亦不安。多少人，多少事，随着深流浅行的光阴就这样草草过去了，以为萦绕不尽，转眼天地清明。

小楼独坐，半炉香燃尽，内心早已行经风日溪山，却又这般安静淡然。人世风光虚实相生，不承想，隔了朝代时空，亦会有那么多莫名的交集。

他本民国风流才子，我只是今世陌路之人，各有故事，各有宿命。他此一生，纵是简短如梦，却远胜过寻常人几生几世，有过几度春光当是无憾无悔。他来自何处,去往何方,早已是前尘旧事,又何劳岁月挂牵。

他有相看又相嫌的妻子,有相恋又相离的红颜,有相爱又相怨的爱人,亦有相识又相忘的知音。他的每一段缘分都令人追忆流连,又感慨万千。其实也只是寻常情感,寻常男女,可他却生生将冷暖阴晴的生活演成了传奇。

虽只有短短三十五载的光阴,却不曾寂寞无依。本生于江南富庶之家,拥有过华贵,受到过荣宠,更有幸得遇恩师,有着漂洋过海的历练。亦因此,他邂逅了生命中那场惊天动地的康桥之恋。

他曾说:"我的眼是康桥教我睁的,我的求知欲是康桥给我拨动的,我的自我的意识是康桥给我胚胎的。"康桥教会了他写诗。在康桥,他与梦中的女神携手同游。也是在康桥,他和发妻张幼仪了断尘缘,自此只为爱存活于世间。

那个美若莲花的女子梦幻般地途经了他的时光,又匆匆转身离去。经过了乱世凋年,自知人生深邃,可他的爱情,恰如林徽因的妙年,永远明静出尘。她自可相离,他无怪罪之心,独自留在康桥,用旖旎又哀怨的风景疗伤。

## 前 言
### 我用尽青春，只为寻你

　　世间多少无理的情缘皆为劫数，来来去去总是别无他法。他终究经不起寂寞消磨，收拾单薄的行囊回到北京，愿与所爱之人得以前缘再续。这座纷乱的王城，因为一代才子佳人，亦有了温柔的脂粉气。无奈她已名花有主，多少往事，多少情爱，一如东风桃李，随水流去。

　　看似与民国最美红颜擦肩，实则命运别有安排。那时，他为失意才子，她是落寞佳人，彼此相见，竟是男欢女悦，心意相通，妙不可言。他脉脉情思，她剪剪清愁，一切宛如戏文里的章节，恰到好处，让人欢喜到心里去。

　　他倜傥风流、敢爱敢恨，她妩媚妖娆、我行我素。那时的陆小曼，虽为人妻，却不惧世俗流言谩骂，愿与之生死相随。这段情感经百难千劫，方修成正果。原以为彼此可以远避尘嚣，于山间静谧处做一对人间仙侣，终难遂人意。

　　她为红尘女子，世间百媚千红皆爱，金粉之都的上海才是她的归宿。他为她营建了一座华丽的修行道场，对她极尽所有，千恩万宠。她借着病弱之身，在她的道场里打牌、跳舞、唱戏、抽烟，一掷千金，奢侈放纵。

她不问钱的来处，更不问用去何方，只随了心情，于凡尘恣意尽欢。她包剧院，捧戏子，和翁瑞午躺在一张烟榻上吞吐烟霞。她从不刻意避嫌，凡事不牵愁惹怨，更无惧遭灾落难。也算尝尽人情浇薄，却不肯计较，看似任性招摇，然则清白纯粹。

他虽对她千依百顺，却终难抵御岁序相催。为了她，他整日尘寰奔波，为银钱费尽心思。之后天南地北，他迫于生计周旋两地，她离不开阿芙蓉。过往的缱绻温情都付与似水流年，随之而来的是埋怨和争吵。

若说转身走失，用死亡的方式来惊醒迷醉的她，那是赌气的话。命数如此，葬身云海是他此生跃不过的劫。他自是羽化成仙，和白云雨雾相伴相依。一袭仙骨葬于日月山川，与匆乱人世再无瓜葛牵连。

山高水长，多少人情物意，兴废沧桑，亦随了他的离去纷纷散场。留下几位红颜，在各自的人间剧场，演绎着自己的喧嚣与落寞。旧时烟雨长巷，斜阳庭院，或是海上风情，车马闹市，皆随着天涯道路消逝湮灭。

不要再去寻找，他只是民国世界里的一片云彩，轻轻地来过，

# 前 言

## 我用尽青春，只为寻你

又悄悄地走了，不曾惊扰你的心情，亦无有搅乱我的人生。

他说，我将于茫茫人海中访我唯一灵魂之伴侣；得之，我幸；不得，我命，如此而已。只是，此一生谁才是那个真正走进他灵魂的伴侣？林徽因或陆小曼？抑或是他自己？

他拥有过，亦失去了。是幸，亦为不幸。他用尽青春，只为和所爱之人相遇。他之情事，无论以哪种方式终结，他都是民国唯一的徐志摩，无人取代，无可替代。

光阴的波澜渐息渐止。日色风影，一如远去的岁月，端正悠闲，有一种安然的静美。命运编排好的一切不容你与之相争，顺应因果便是今生最好的修行。

我用尽青春
只为寻你

# 第一章
## 民国风景

> 他一生追寻真、美、自由,为情爱舍弃荣华功名,翻越世俗界限,不惧流言碎语。他将民国的诗情和浪漫背负于身,令无数名媛佳丽为之倾倒,并亦享尽人间风月,断送似锦前程。

早春的第一场雨,湿泠,清冽,明净,亦醒透。时光如水,不急不缓,从容有序,多少人情物意,世事机缘,皆落于悠悠风景中。千古江山,起落沉浮,婉转而不哀怨,沧桑而不悲凉,世故却不俗流。

民国世界,气象万千,如梦亦真,纷乱多景,又朴素有情。

## 第一章
民国风景

物转星移，纵是隔了时空，依旧可以感知那个时代的忧患和喜乐，动荡与安逸，庄严和随性。生命本是一场清朗又迷离的修行，几多红颜名将，佳人才子，渺入风尘，只是偶然被人想起，继而遗忘于茫茫沧海。

光阴明灭闪烁，流去无声，像一部疏密有致的经卷，看似悟道参禅，实则不过是把岁月虚耗消磨。唯有情爱，一如初时，那么熟悉温暖，恍若故知。它不分朝代，不计得失，不畏聚散，一直被人珍视、追寻和拥护。

当年的老宅依旧，只是青藤爬满了墙院，梁间的燕子还在，似待故人归。他就是这样一个江南人物，生于民国乱世风云中，后来驰骋于文坛诗界，纵身情海波涛。他此一生，被批过宿命，受造化相弄，锦绣交织，却也清贫如洗。

他是民国世界里的风流才子，文采惊世，盛名远播。他是三生石畔的多情种子，前因已定，只待果报。他出生在江南富商之家，貌似潘安，情如宋玉，才胜子建。就是这样一个响亮的人物，途经民国岁月，抛下几段未了的缘分，留下数卷瑰丽的诗文，独自仓促离开。

他这一生，不慕虚名浮利，只恋风月情长；不求富贵安乐，唯愿厮守相欢。他一生追寻真、美、自由，为情爱舍弃荣华功名，翻越世俗界限，不惧流言碎语。他将民国的诗情和浪漫背负于身，令无数名媛佳丽为之倾倒，并亦享尽人间风月，断送似锦前程。

他叫徐志摩，又名徐章垿。他一世繁华，一世悲凉，一世多情，也一世心酸。他活得认真执拗，又过得随性自在，他多情也薄情，慈悲又冷酷。他一生短暂，却经历了别人几生几世的情爱和故事；他热烈缠绵，亦只是别人眼中轻描淡写的风景。

他是民国世界的一本诗集，简短精妙，耐人寻味。他被华丽和诗意装点，却不够完美，不够光鲜。他原该春风得意，奈何情感之路失落彷徨。他一生本清白无过，到底错在情多。他值盛年锦时，于文坛诗界叱咤风云，感情世界却多灾多难，枝节横生。

徐志摩这一生和三个女人有过深刻交集，最后来不及嘱咐道别就匆匆转身。他是春日枝头那抹新绿，也是苍茫天空那片流云，更是历史星空那阵薄风。他此生视爱如命，用尽所有的筹码，下一场叫作情的赌注，拥有过，失去过，珍惜过，也辜负过。

# 第一章
## 民国风景

　　他这一生以热闹开场,有殷实的家境,恩宠他的父母,有爱自己、自己也爱的女人,亦有良朋知己,还有傲然于世的盛名。可诗人的内心一直住着孤独的灵魂,最后用悲剧的方式,结束了锣鼓喧嚣的一生。

　　张幼仪,是他耗尽一生也还不了的情债。所谓宿债难偿,真情难舍,纵是债,他亦不能为爱妥协。又或许,感情本就没有相欠,所有的爱怨皆是自己一厢情愿。张幼仪端庄大方、贤惠善良,为他平凡生养、照料双亲,无怨无悔。徐志摩给不了她爱,只能无情地将她抛掷在异国他乡,不肯问津。

　　他亦有他躲不过的情劫,亦有他的不如人意。当这颗柔软诗意的心邂逅梦中那朵素洁的白莲时,他如何视若无睹?伦敦的烟雨,康桥的柔波,让他深深地沉醉在一场突如其来的爱恋中,不能醒转。

　　她恰逢最好的年华,似惊鸿照影,美不胜收。他玉树临风、倜傥多情,似一块刚打磨好的美玉。她的出现,是上苍对他的恩赐,弥补了他情感的缺憾,亦慰藉了他灵魂的空寂。他深信,这朵白莲便是他命里注定的红颜,根植于心,此生不忘。

她是从人间四月天里走来的林徽因，是爱，是暖，是希望，是天真，也是庄严。在此之前，他不知世间会有如此娉婷轻灵的女子，在此之后，百花皆不能入其眼。他甘心做一株招摇的水草，葬身于康桥的柔波，只为换取她一颦一笑。

当他舍弃结发妻子，与张幼仪断情割爱时，林徽因却悄然转身。过往的誓约，刻骨的爱恋，在瞬间成为幻影。"你若曾是江南采莲的女子，我必是你皓腕下错过的那一朵。"原以为这朵白莲可以采撷回家，一生珍藏，免她流离，免她遗世，免她孤苦，却终究还是错过了她最美的花期。

再相见，她已嫁作他人妇，虽有往来，却也只能相望她的背影假装冷静。她依旧是那朵清白、醒透的莲，从容安静，无痛无恙，他连怪罪她的话都说不出口。可他到底不能忘情，亦无法收心，只盼着岁月垂怜，红颜回首，但覆水难收。

林徽因有情，却不会为情而迷失荒径，她活得坚定、清透。她的生命里不容许有背叛、纠缠，亦不能有缺失和破碎。她愿永远活在人间四月天，高雅温婉，美好宁静，不轻易为任何人泛起波澜。

## 第一章
## 民国风景

"我将于茫茫人海中访我唯一灵魂之伴侣；得之，我幸；不得，我命，如此而已。"看似安于宿命，但徐志摩内心早就千疮百孔、悲伤不已。那场春风满座的盛筵，他此生注定缺席。林徽因是岁月恩赐于人间的女神，高贵、典雅，她可以负天下人，亦不敢负春天之约。

所幸，命运对他留有余地，在其落拓无依时，给了他另一番安排。如果说林徽因是人间四月的白莲，那陆小曼则是一株绚烂妖娆的海棠。她生来就是个不折不扣的妖精，当他靠近她，她未施任何妖法，便已收魂摄魄。

爱情可以纯净浪漫，亦可以激滟风情。陆小曼不同于世间任何女子，她纯粹又热烈，坦荡亦决绝，堕落也清白。他们的邂逅，未必在最好的时间，亦未必会有结局，他们却毫无顾忌地放纵自己的情，爱到难舍难分。

这是一个勇敢、令人敬佩的女子。为了爱，她与丈夫王赓离婚，流掉腹中孩子。为了爱，她忍受世间流言谩骂，无视众生冷眼。她像一朵罂粟，一生沉迷于烟火中，无惧无伤。她更是一个戏子，在偌大的人世剧场导演一场叫作爱情的戏，别人早已从戏文里走出，她却尘封于此，自演自唱，直到死去。

她不够完美，打牌、听戏、跳舞、喝酒、痴迷阿芙蓉，过着奢侈堕落的生活；她不够自爱，像个交际花似的周旋于夜上海；她不够自重，和翁瑞午隔灯并枕躺在一张榻上吸鸦片。可就是这样一个女人，让徐志摩甘愿为她粉身碎骨，在所不惜。

她是民国世界与众不同的风景，无人相争，无人可争。她不是徐志摩的唯一，却是他于人间最后的归依。她的爱也许不唯美，却彻底、干净。她贪玩骄纵、任性自私，却在徐志摩离世后，为他闭门谢客，用数十年寂寥的光阴惩罚自己。

有人说，是陆小曼葬送了徐志摩。可徐志摩又何尝没有葬送陆小曼。她一生浮华招摇，却把所有的爱只给他一人。她不欠他，只是不能风雨携手，一同走到风停雨住、美好晴天。这是命运的摆弄，人生的缺失，纵是拼尽所有，亦不能相护周全。

走过去的是福，躲不过的是劫。他是云，必须以漂流的姿态行走，但有不舍，亦该从容无惧，幻作尘烟。人生本就变幻莫测，他匆匆离去，也不过是将那出没有演完的戏提前散场。来不及交代给谁，那些未说出口的话将是世间最美的诺言。

任凭时光如何锋利，亦不能再伤他分毫。他做不到让爱适可

## 第一章
民国风景

而止,却用另一种方式成全自己。他以一个俊朗诗人的模样,美好地活在民国,活在那些爱过他的人心中。慢慢地,他成了一本叫《新月》的诗集,被珍藏在民国的河山,端丽庄严。

人的一生不过是午后至黄昏的距离,月上柳梢,茶凉言尽。诗人的心,是灵性而细腻的,他能感知许多凡人不能感知的物事,预测因果。都说,云来云往,无有踪影,可有时又分明看到它的来处、它的归程。灵魂是有故乡的,它将自己寄存在岁月某个美丽的缝隙里,只为了不让世人轻易遗落,亦不要轻易去怀想。

深爱百岁老人杨绛先生的一段话:"我们曾如此渴望命运的波澜,到最后才发现:人生最曼妙的风景,竟是内心的淡定与从容……我们曾如此期盼外界的认可,到最后才知道:世界是自己的,与他人毫无关系。"

徐志摩走后,陆小曼就是这样掩门遗世,在自己的院落里观山戏水,怡情养心。的确,世界是自己的,与他人毫无关系。无论生命短长,爱与不爱,以哪种方式开始又或结束,都值得尊重,值得感恩。

月色下的梅透过稀疏窗影倒映着光阴的枯枝,素简清宁。人世安静慈悲,什么劫数忧患都没有。

关于徐志摩,他一往情深的过去,他的哀怨苦乐,在民国阑珊的灯火下若隐若现。等着与你,与每一个有缘的你,产生淡淡交集,直到月上柳梢,茶凉言尽。

# 第二章

这个幼小婴孩,尚不知人世的荣辱悲欢,却已享尽福报。他被双亲捧在手心,养尊处优,不懂迷离的世相,更不知宿命的玄机。

唐人杜牧有诗:"千里莺啼绿映红,水村山郭酒旗风。南朝四百八十寺,多少楼台烟雨中。"我爱它莺飞草长的绿意盎然,也爱它斜风细雨的柔婉多情,更爱南朝楼台的风雅沧桑。人世千古,谁的江山朝代不曾经历迁徙变故,只是在安静简朴的岁月里,忘记流年转换。

"旧时王谢堂前燕,飞入寻常百姓家。"说的亦是江南的风物人情。庭院老宅、乌衣长巷、石桥烟柳、楼阁水榭,一切还是初时模样,只是赏景看花的人换了新颜。山河浩荡,多少劫难,多少不尽意,终归平静,燕子已然飞入寻常百姓家。

徐志摩有幸,落于山温水软的江南,生在钟鸣鼎食之家。倘若没有江南水墨的渲染,没有草木灵性的滋养,或许他的人生会少一分诗意和浪漫,多一些平淡和朴实。世间万物生灭皆有缘由,他此生恍若梦境,只因了江南的墨雨书香,以及如黛青山和满溪桃花。

浙江海宁有一座古镇,叫硖石。硖石有一富庶门庭:徐府。徐申如,海宁硖石商会会长,人称"硖石巨子",拥有一座发电厂、一个梅酱厂、一间丝绸庄,在上海还有一家小钱庄。

徐申如早年娶妻,婚后不久夫人因病去世,后续弦,继娶了温婉贤惠的钱慕英。钱慕英二十三岁那年产下徐家独子,徐申如为子取名章垿,字槱森,小字又申。

徐氏一族文脉不绝,远祖亦有名人。后来徐志摩却说:"我查过我的家谱,自永乐以来,没有一首可供传诵的诗。"其实每

## 第二章
## 深宅旧事

个姓氏都有由来，世有名人，代有英豪，每个家族，哪怕是极小的家族，都经历过沧桑浮沉，有悲喜交集的故事。

每个人的出身皆不由己，是仕宦书香门第，还是柴门贫寒之家，早已命定。帝王将相之家也有其无奈和悲哀，市井村落亦有慷慨和华丽。我们所能做好的，是此生于人世的修行，无论顺意或坎坷，富贵或清贫，都要平静温和相待。

徐志摩初落凡尘，恰逢新年将至，大雪纷飞。江南的雪柔美轻盈、纯净无瑕，宛如缓缓而至的白衣女子般潇洒风情。雪花落于旧庭深院、窗前楼台、山石长廊。徐志摩的到来给江南的这场冬雪添了喜气。虽为男子，却如琼玉之身，被父母、祖辈、家仆恩宠呵护，从此过上锦衣玉食的日子。

置身温柔富贵之家，自是省去人世因贫寒而经受的屈辱和悲凉。这个幼小婴孩，尚不知人世的荣辱悲欢，却已享尽福报。他被双亲捧在手心，养尊处优，不懂迷离的世相，更不知宿命的玄机。

抓周为民间习俗，身为硖石大富人家里尊贵的少爷，徐志摩的满岁宴自是热闹非凡。乡亲邻里、好友亲朋皆来道贺，那日的徐府门庭若市，连草木都沾了人情物意。小小孩童对着琳琅满目的盘中之物，不知取舍。

此时，门外走进来一个和尚，清瘦之影颇有修行之人的风骨。和尚自称志恢，说自己能知晓过去，预知未来，会卜卦算命、称骨相面。徐申如对其很是好奇，见他有些得道高人的风采，加之素日为人和善，便请志恢和尚为幼子卜卦。

志恢和尚抚摩了小又申的头，随后说出："此子系麒麟再生，将来必成大器。"一语惊心，满座欣喜。徐申如更是喜不胜收，盛情款待这位得道高人，更在多年后，徐志摩赴美留学之前，为其改名徐志摩（另有志摩一名是他北大肄业赴美之前自己所取的说法。——编者注）

徐志摩到底是不凡之人，自小被大师批了命，其后来风云于中国文坛，徜徉于"新月诗派"。每个人看似努力认真地过着这一生，实则只是在履行人生的诺言，命运早已编排好了一切。你细心打理光阴里的一草一木，披星戴月地赶赴尘世之约，也只是演戏衬景。

这个粉雕玉琢的孩童聪明乖巧，大大的脑袋、细长的脸、清

## 第二章
## 深宅旧事

澈明净的眼睛,讨人喜爱。他对这个陌生的世界充满了好奇和期许,每日嬉戏在这座偌大精致的宅院,游玩于庭廊花草间,更在祖母和母亲的溺爱中安享温暖和快乐。

两个温和善良的女人滋养了徐志摩的性情,让他长大成年后对亲朋和善,与文友相欢。他的内心宛若一首吟咏江南的诗,温婉柔情,真诚悲悯。幼时的徐志摩恍若《红楼梦》中的贾宝玉,虽没有丫鬟美人云集在侧,却深受祖母的关爱,家仆的拥护。

他的祖母是一位传统的旧式女子,一生勤俭持家,相夫教子,也精明能干。风雨一世,老人晚年所有的心思都在这个聪颖的孙子身上,视他如珍如宝,素日里饮食起居皆是关心备至,不舍得他受丝毫委屈。

朝霞映窗,徐志摩每日踏着晨露,穿过厅堂,敲叩祖母虚掩的门扉。一声软和的"阿奶",令祖母万般疼惜爱抚,抱于怀中,递给他最爱的蜜枣和状元糕。匆匆流年,只留下一些迷离碎影,但祖母给他的记忆是温情暖意。

多年后,无论徐志摩漂泊在何处,于异国他乡,或红尘乱世,皆不忘幼时那段曼妙温馨的辰光。在江南小镇的某个大院,繁花满枝的春天，有位慈祥的老人立于古老的木门后，等待远方的归人。祖母的爱之伟大，浩荡如天，真切入心，来世结草衔环，当报此深恩。

徐志摩对祖母之心，一如我对古老乡村的外婆，恩深如海，情债难还。以为此生背上行囊，不管行至何地，几时归来，那位至亲都会安然无恙地在家等候。却不知，生老病死为自然法则和规律，世间无人得以幸免。许多事、许多情、许多恩，唯有在记忆里方能寻见，留下无尽地怅然和遗憾。

1923年秋，祖母辞世。徐志摩深情悲痛地写下一篇长文《我的祖母之死》，万字有余。过往的岁月若滔滔逝水，不可挽回。唯温情的记忆藏于心间，留在那个叫硖石的小镇，那扇雕花的幽窗下，永生不忘。

"早上走来祖母的床前，揭开帐子叫一声软和的奶奶，她也回叫了我一声，伸手到里床去摸给我一个蜜枣或是三片状元糕，我又叫了一声奶奶，出去玩了，那是如何可爱的辰光，如何可爱的天真……她爱我宠我的深情，更不是文学所能描写；她那深厚的慈荫，真是无所不包，无所不蔽。"

## 第二章
### 深宅旧事

除了祖母，徐志摩最亲的人便是母亲钱慕英。她将所有的爱系在独子身上，然他们此生相处的时光却是那么短暂。年少求学，徐志摩离开母亲柔情的怀抱、温厚的臂弯。天南地北，彼此只能无尽地思念和挂牵。

都说百年老宅深院藏着许多沧桑故事，以及主人们的过往人生。在徐府，深受志摩喜爱的还有一位忠实的老仆人，叫家麟。他善良可亲，有一双看清世事的眼睛，心里装满了老故事以及悠远而神秘的传说。

他就是这座老宅里的一株梧桐，在蝉声悠长的午后，于风雨敲窗的夜晚，为志摩讲述河山故事、历史兴亡。又或许老仆家麟、祖母、父亲、母亲以及徐府的每一个人，甚至整个江南，都有一段或几段不为人知的故事。

人生有恨，云梦无边，满庭的海棠开了又谢，谢了又开。繁花如锦，骄傲地落于春意枝头，妩媚多情，却看尽阴晴冷暖。这里曾有过几世同堂的美好光景，只是被年轮冲淡了离合，一切再不能回到最初。唯有灵魂痴心地守候于此，等着某一世的缘分重来，和某一个人再续情缘。

## 第三章

### 朝花夕拾

> 看似清浅的时光,流转的岁月,却生出了旧怨新愁。每一个不经意的日子都有所安排,有所抉择。

江南春暖,梅花如期绽放,山野小园、朱门高院皆是锦色如天。都道时光无情,来去如风,岂不知人亦无情,几多怨女痴男,多少人间眷侣,最后也只是匆匆过客,一个回首,一个转身,不见踪影。

繁芜世间,何来不染烟火之人,纵算至情至性,亦抵不过苦乐消磨、冷暖相煎。人心浩瀚如水，宛若一个盛大的家族，由鼎盛到萧索，从灿烂到寂寞，看似迢迢千年，实则只是几场花开花落的瞬间。

小镇古朴清幽，不见都市的喧闹繁华，却有民间现世的安逸和宁静。这里是徐志摩的故乡，也是其父徐申如安身立命之所。黛瓦青墙的古院常年被藤蔓攀附，看不见遮掩在岁月深处的斑驳痕迹。苔藓弥漫的巷陌浸润了时光的烟雨。这里听得见山林古刹的钟声，也听得见小镇市井熙攘人群的嘈杂之音。

这时，他的世界很窄，所能见到的只是古院重门、湖石草木、蟋蟀虫蚁。每日吃着祖母为其备好的糕点，穿着母亲量体裁衣的新衫，听着老仆家麟讲述的民间逸事，只觉温暖隽永绵长。

还有那位在商场上叱咤风云的父亲，对他的爱虽威严庄重，却也宽容慈悲。晚清至民国乱世，谁家不曾经历动荡纷纭，徐申如给徐志摩修筑了一座坚固的城池，让他得以在其间静享平稳和安逸。

于志摩心中，父亲巍然如山，不论遭遇多少变故，父亲皆可以护其周全。直至多年以后，他海外求学，创办诗社，以及生活中所历种种，徐申如总是尽其所能去关爱呵护。徐申如亦希望他唯一的儿子可以继承他奔波半世打下的江山，担负起整个家族的重责。

四岁那年，这个尚解些许人事的幼童结束了他散漫无忧的生活，初次与诗书相逢。徐申如为小志摩请了家塾，开始他漫长的读书生涯。徐志摩人生的第一位启蒙先生为孙荫轩，是一位晚清秀才。孙先生或许没有才高八斗、学富五车，亦是在翰墨里沉浸多年，饱读古文经卷。

晨晓的第一缕阳光透过古窗落在木质桌案上，泛黄的书卷散发出淡淡墨香。许多人读起来枯涩乏味的《声律启蒙》，徐志摩读着却朗朗上口，韵味无穷。看似深刻难解的四书五经，于他则如同白话，读来趣味横生。

志摩不是一个古板安分的孩子，他聪颖也机灵调皮。他虽喜爱古文诗书，课堂上却经常走神，留意窗外的花鸟虫鸣、云飞涛走，甚至和同学私语、嬉乐，但也害怕教书先生严厉的戒尺。

然而，小小志摩仍比寻常孩子更喜爱书卷墨香，仿佛对文字有一种与生俱来的熟悉与感动。他有时甚至沉醉在一册古书里，幻想着千年水墨里流淌的风景。他也在诗韵词风里寻到了快乐，这种快乐与庭园山水、小桥曲径似有叠合的意趣。

看似幼稚小儿，眉目间聪慧俊朗，有神童之相。家塾先生对其万分赞赏，表示志摩的天资远胜同龄孩童。徐申如深以为傲。一年后，他为志摩访得名师，乃是一位学识渊博的贡生，名唤查桐荪（又名查桐轸。——编者注）。

查先生，晚清才子，满腹经纶，古文造诣更是厚重渊深。查先生出身于海宁有名的书香世家，才识过人且精通医术，然其却是个性情古怪之人。与他的学识文采相比，生活上，查先生的确不够儒雅，不够风致，是一位邋遢至极的人。

据说，查先生初落人世，父母怕婴孩受凉，故未曾给他沐浴。自此之后，几十载岁月，查先生皆不沐浴，就连寻常的洗漱亦是难得。他行为怪癖，嗜好抽烟，一口黄牙，令人难以亲近。

徐志摩曾在一篇札记里写道："查先生这个人明明是因懒惰而散漫，别人却赞美他是落拓不羁，我的父母都是勤勉而能自励的人，我这个儿子何以懒散成这个样子，莫不是查桐荪先生的遗教？"

《雨后虹》有写:"但在白天不论天热得连气都转不过来,可怜的'读书官官'们,还是照常临帖习字,高喊着'黄鸟黄鸟','不亦说乎';虽则手里一把大蒲扇,不住地扇动,满须满腋的汗,依旧蒸炉似透发,先生亦还是照常抽他的大烟,哼他的'清平乐府'。"

徐志摩之后整整六年的家塾生涯,皆是随于这位古怪的先生。查先生尽管性情乖张,邋邋脏乱,不与俗流,却为徐志摩的古文知识奠定了深厚基础。若干年后,徐志摩信笔诗文,徜徉水墨的落落风采,皆因了这位名师。

查先生见他灵气聪慧,擅长诗文,醉心书卷,更是倾尽所能授其所识。每日与志摩相伴的不只是桌案上的古书翰墨,还有这座质朴小镇的柔软与风情。一双清澈无尘的慧眼,一颗幼小纯净的童心,他的世界色彩纷呈,曼妙多姿。

徐志摩离不开祖母的宠爱,离不开母亲温暖的怀抱,也离不开老仆家麟的故事,更离不开与伙伴们一起拈花捉蝶的快乐时光。东山和西山的寺院,府邸的亭台楼阁、戏台深院,以及江南小巷的每一个转角处,都是志摩与同伴的游乐之所。

## 第三章
## 朝花夕拾

晨起时喝一碗浓郁的豆浆，吃一根酥脆的油条，或吃上一碗滑嫩的豆腐花。江南美食精致风雅，野菜制作的糕点琳琅满目。新鲜的莼菜和菱角更是志摩所爱，若逢采菱时节，志摩每日都要带上铜板，到集市上买香甜粉糯的热菱，享受婉约江南赏赐的美味。

看似偏僻小镇，亦有着其独特的喧腾与热闹。过往的船只带来了许多行走江湖的艺人以及沉醉于梨园旧梦的戏班子。他们虽为天涯过客，每个人带着天南地北的尘土，也带着阴晴冷暖的故事，有欣喜，也有悲凉，有荣耀，也有落魄。

他爱江南柔情婉转的杏花烟雨，也爱壮阔无际的岁月山河。一颗未曾涉世的童心被华贵和温暖包裹，尚不知大千世界芸芸众生的苦乐悲喜，更不知多年以后，他会离开这座小镇，离开深院高墙，去往遥远宽敞的都市，邂逅更多的人事与风物。

而此时，他就是这样一个小镇的人物，生于乡绅之家，在这片纯净的天空下与这里的草木山水、烟火颜色相亲相依。他爱这片故土，是这里的风物滋养了他的童心，给了他爱与暖，以及属于江南的风雅和诗情。

硖石是一座梦乡。湖泊田园、竹风松涛、朝阳烟霞、鸟语花声皆为大自然最纯净的诗篇。徐志摩喜欢这样的人间风光，一如他以后的诗文皆是山风水影、晨霜皓月。就连情爱亦是那么澄澈，不与俗世相争，愿如这片净土温软唯美。

徐申如为富商，却一生崇爱文化，是位雅士。家中亦是书香四壁，翰墨飘香。素日里，多与海宁的书香世家相交，和文人墨客常有往来。故此，每逢特殊节日，或春秋之季，时有客人造访，一同游园品茶、吟诗对句。

每有文友登门，徐申如必唤来稚子，让他陪同见客。志摩不凡的气度，潇洒之文采，亦因此流传于海宁之地，江南之所。众人的赞赏捧爱让徐申如对志摩的教育更为重视。他愿倾尽所有，只盼志摩在文墨中有所造诣，光耀门楣。

他本风流俊雅之客，又得这方钟灵毓秀之地浸染，受大自然深情馈赠。徐志摩的童年时光省去许多烦恼和忧愁，多了诗情与画意。他所见的风景只是这个古老小镇的雨巷楼台、乡绅雅士、渔婆钓翁、戏子萍客。

那是一个没落的朝代，亦是一个动荡不安的时代，多少英豪名流葬于斜阳荒陌。江山壮美如画，草木不改颜色，谁又成了历史的主角。这多风多雨的南国，唯有院墙的新绿、檐下的燕子依旧年年如故，那样安静不争、无有所求。

　　看似清浅的时光，流转的岁月，却生出了旧怨新愁。每一个不经意的日子都有所安排，有所抉择。

## 第四章

### 乱世浮烟

> 他散漫于山水古迹,沉浸在墨海书香,不为至高荣耀,不为征服任何人,只做真实骄傲的自己。

人事风景倏然而过,分不清快乐与忧愁,寂静和烦喧,哪个多一些,哪个又少一些。又或者,世间万物无论善恶美丑,还是纷繁落寞,皆可入景入画,皆有情有理。

乱世流年没有真正的安稳,更无永恒的庄园。战争的硝烟从北国弥漫而来,散落至世间每个可以抵达的角落。或许,凡尘本

## 第四章
## 乱世浮烟

无桃源净土,唯有守住内心的山水,方能不被浮烟所惊。

历史涛声依旧,我们划桨乘水而去,能打捞到的亦只是一些残缺伶仃的记忆。懦弱无知的大清王朝也曾有君临天下的霸气,深邃时可以踏遍万千山河,寂寞时只剩下过往飘忽的影子。历史是无辜的,它或许伤害了许多人,亦被许多人伤害。岁月的琴弦断了,谁还能用无弦的琴弹奏一曲千古绝响。

此处战火纷飞,彼处华枝春满。徐志摩安于硖石这方净地,在他的世界里和同伴一起读书写字,游园嬉戏。看天井的雨落于石阶上,折园林的花插瓶,和窗外的和风对话,在墙角看一场蚂蚁搬家。

这些看似微不足道的生活细节,随着无声无息的日子静静流淌,竟成了他人生最美的片段。那条幽深看不到尽头的小巷,青苔蔓延,是他此生回不去的故乡。后来,他背上行囊,踏上漫漫的求学之路,唯家塾的这段光阴单纯质朴、平静无争,亦只有这剪光阴值得他追忆一生。

光绪三十三年,也是1907年,走在时代前端的江南富商徐申如将十一岁的徐志摩送到开智学堂。开智学堂与传统的私塾自是有天渊之别。于徐志摩来说，开智学堂真正掀开了他人生的幕帘，让他登上时代的舞台，得以做自己的主角。

开智学堂坐落在西山脚下，绿荫成阵，碧潭深澈，曲榭楼台，美不胜收。一生喜爱自然山水的徐志摩，在这里寻到了休憩灵魂的佳境，他与同伴每日徜徉于校园的风景，更痴迷热爱着洋学堂纷繁新颖的课程。

开智学堂开设的课程丰富广泛，有国语、数学、英文、音乐、绘画、体育等。在这里，学生还可以根据所需进修自己喜好的课程。开智学堂广收学子，于此处就读的有富家公子，亦有寒门子弟。

过往枯燥单一的家塾生涯被如今的新奇课程取代。天资聪颖的徐志摩初到开智学堂，便展露出遮掩不住的锋芒。诗词曲赋、四书五经，他出口成章，过目不忘。那些以往不曾接触的课程，于他亦是简单寻常，不为所困。

曾以为，岁月是一本诗集，原来还可以是散文，是小说。韶光如梦，给懂得生活、尊重生命、热爱山水的人以美好，以春光。这座洋学堂打开了徐志摩内心那扇小窗，让他知道人生还有梦和远方。终有一天，他会离开硖石小镇，离开这里的风物人

## 第四章
## 乱世浮烟

情,离开高墙大院,去往红尘深处,哪怕风雨兼程,尝饮霜露。

徐志摩的国文功底深厚,成绩出类拔萃。在开智学堂,最令他难忘的则是国文老师张树森,字仲梧。张先生于海宁之地颇负盛名,在古文造诣上亦是深邃渊博。文采飞扬、从善如流的徐志摩多次得到张先生的赞赏,他的人生注定风华不尽,而孤独与寂灭只是在某个清凉的夜晚,其心灵短暂的驻足。

十三岁那年,徐志摩写下《论哥舒翰潼关之败》一文,大气恢宏的文采,独特敏锐的才思得到全校师生的推崇。张先生将此文当作范文于校内朗读,此后,徐志摩的文笔风采被同学们争相效仿。

"……夫禄山甫叛,而河北二十四郡,望风瓦解,其势不可谓不盛,其锋不可谓不锐,乘胜渡河,鼓行而西,岂有以壮健勇猛之师,骤变而为羸弱顽疲之卒哉?其匿精锐以示弱,是冒顿饵汉高之奸媒也。若以为可败而轻之,适足以中其计耳,其不丧师辱国者鲜矣!欲挫其锐,非深沟高垒,坚壁不出也不可,且贼之千里进攻,利在速战,苟与之坚壁相持,则贼计易穷。……"

洋洋洒洒、铿锵有力之字出自一位年仅13岁的小小少年,令人赞叹不已。徐志摩论述了大唐安史之乱潼关失守非哥舒翰之过，而为杨国忠之错。又或许，历史本无过错，多少成败荣辱只待后人评说。

每个人的年少时光都当恣意飞扬，无拘无束。徐志摩是幸运的，其父徐申如给他的尊重和支持，让他于茫茫学海里随心所欲，纵浪高歌。男儿当有鸿鹄之志，有高过云天的抱负和襟怀。徐申如相信，徐志摩定会有鹏程万里、遍踏山河的一日。

徐志摩爱好宽广，博览群书，喜天文地理，亦爱政治时事。此时的大清王朝已是岌岌可危，倦怠了沙场的八旗子弟醉心于游乐，再不能力挽狂澜。辽阔的中华大地硝烟四起，这场烟火蔓延到徐志摩的家乡硖石，而身在开智学堂的众人更是预知了时局的动荡纷乱。

素日里，徐志摩倾听老师激进的宣教，自己也阅读大量的报刊书籍。最为受用的，是孙中山在日本创办的《民报》。那些充满斗志的言语，自由放逐的思想，激发了这位少年蠢蠢欲动的热忱。他亦在迷离的烟火中看清了人生的方向，寻到历史的新生。

1910年春，万物复苏，草木青青。千百年来历战争无数，自然清音始终平静，不被其伤。经沈钧儒先生推荐，徐志摩和表兄

## 第四章
### 乱世浮烟

沈淑薇一同进入浙江最好的中学——杭州府中（一说是徐志摩和沈淑薇一同考入杭州府中。——编者注）。这是他初次离开故乡硖石去往都市求学。

杭州大气端然，古韵风雅，自古被无数文人墨客所赞赏。这是文人汇集之地，多少名流高士在这里风云聚会。舀一勺西湖的水洗尽铅华，或是折一枝西湖的柳赠予故知，都是风雅之事。无论你有着怎样的过去，是富贵显赫，还是一贫如洗，这里的风物都不会计较短长，你可以凭借山水的灵气任意挥洒心中的画景。

杭州府中开设的课程比之硖石更为开阔，亦更繁复。自古英才多为痴狂率性之人，徐志摩本潇洒不羁，于此风流之地更是纵情欲心。他散漫于山水古迹，沉浸在墨海书香，不为至高荣耀，不为征服任何人，只做真实骄傲的自己。

他的出众不仅体现在国文上，任意一门学科都优异拔萃。在大家眼中，他是那个头大尾小的顽皮小孩，也是那位戴着金丝边眼镜的文雅书生。他时而与同学们相聚一处高谈阔论、天马行空，时而安静独处、沉默有思。

他的诗人气质一如西湖的青山碧水，清澈明净。但年少的心始终向往纵横四野,波澜壮阔。他醉心于日月星辰的变幻多姿,更迷恋气象万千的风云世态。他沉静如水,亦散漫如云,有时宁和温软,有时躁动不安。

一个至情至性之人,其心亦是柔肠百转。或许是自小听多了老仆家麟讲的故事,徐志摩对小说故事有着深刻的喜爱。好友郁达夫曾说,府中时的志摩在学习之余对小说发生了浓厚的兴趣。徐志摩对郁达夫说过:"这些旧诗词,我在书塾时也学过,总感到受的限制太大,写不好。我现在对小说发生了浓烈兴趣。什么社会小说、警世小说、探险小说、滑稽小说,我都读,读得简直着了迷。"

徐志摩对自然科学亦钟情,喜爱在静谧时探寻自然的神奇之处。看一朵云不知去往何方,看繁星装点的天空明日是否如故。其好友张奚若曾回忆:"他对于科学有时也感很大的兴趣。当我一九二一年和他在伦敦重聚时,他因分手半年,一见面就很得意的向我说他近来作了一篇文章,料我无论如何也猜不着他作的是什么题目。……原来他作了一篇爱因斯坦的相对论!"

后来徐志摩在《猛虎集》的序文中曾写道:"在二十四岁以前我对于诗的兴味远不如我对于相对论或民约论的兴味。"可西子湖

## 第四章
### 乱世浮烟

畔,放鹤亭前,这位儒雅俊朗的少年分明诗意盎然,风采翩翩。

1911年,辛亥革命爆发。这场革命结束了中国两千多年的封建王朝,为历史撰写了新篇章。一时间,自由、民主、博爱宛若那场翠绿清新的春风,落至浩瀚山河,百姓故园。

革命的热潮席卷杭州,杭州府中亦因此停课,徐志摩暂时返回家乡硖石。归来的徐志摩再不是以往那个迷恋朱门墙院的孩童,而是一个激进时尚的热血少年。他赋闲于家,每日阅读书籍报刊,关心时政变动。

这场革命让徐志摩寻到了此生膜拜的偶像——风云政坛的人物——梁启超先生。他爱慕梁启超的才学和胆识,更为其一句"欲改良群治,必自小说界革命始;欲新民,必自新小说始"而钦佩不已。梁启超激发了他内心的情怀和抱负,他知道,他的人生又将有所更改。

成者傲然,败者谦逊,看似江山换主,实则又改变了什么。天下之事,难以成败见分晓;漫漫人生,不以离合诉真情。自古良将贤臣一如百姓平民,生于人间岁月,死后葬于巍峨山峰。演的是自己的故事,看的是别人的风景。

# 第五章
## 有凤来仪

> 多少本该陌路的人，却偏偏狭路相逢，结了因果。多少人誓愿一生执手相依，却阴差阳错，成了过客。你是"此情可待成追忆"，他是"轻舟已过万重山"。

人生渺如烟波，所历之事，所遇之情皆看不到尽头，猜不到结局。乱世里的日子更是苍茫无际，多少人搁下山水楼台，放下内心宛转的情感，愿在风雨飘摇中寻得一方安稳和宁静。

庸碌凡人尚有不可预知的故事和结局，像徐志摩这般的风流才俊必定有属于他的传奇。他的人生恰如西子湖畔那壶还未品

## 第五章
### 有凤来仪

尝的龙井，未绽放他的优雅和内蕴。一切不曾开始，一切无从知晓。

1913年春，那场席卷河山的辛亥革命渐息渐止。杭州府中复学，徐志摩随即从硖石回到杭州，继续他的学业。那时的他早已不习惯硖石小镇的恬淡和平静，内心向往校园里的喧闹生活。

归校后，徐志摩于校刊《友声》发表了《论小说与社会之关系》，文笔效仿梁启超先生。一时间，徐志摩的盛名风靡杭州府中。他的才气如江南的一缕春风拂过古都杭州，带着西湖的碧波感染了许多来往行人。

都说缘分天成，每个人于人间都有一段或几段属于自己的缘分，有善缘，也有孽缘。多少本该陌路的人，却偏偏狭路相逢，结了因果。多少人誓愿一生执手相依，却阴差阳错，成了过客。你是"此情可待成追忆"，他是"轻舟已过万重山"。

人生纵有多少不尽意，到底还要走下去，是缘，是劫，躲不过，避不开。徐志摩亦不会知道，他出众的才识会为他生命中第一段姻缘落下伏笔。起伏的命运如同构思跌宕的小说，看似虚拟传奇，却是人世寻常之事，件件真实，有凭有据。

浙江都督朱瑞的秘书张嘉璈来杭州视察，闻得府中才子徐章垿的盛名，读罢其文章，大为赏识赞许。文笔若行云流水，潇洒恣意，彰显作者不凡的才情。张嘉璈亲自面见了徐志摩，二人一见如故，相聊甚欢。

腹有诗书气自华，纵是相貌平淡者亦有难以遮掩的光芒，更何况他英姿俊容。眼前这位少年书生模样，身材颀长清瘦，更见文人风采。优雅的谈吐，落落大方的气度，深邃的思想让张嘉璈暗自欢喜。他阅人无数，坚信徐志摩是难得一见的英才，今后必有高过云天的气势和前程。

张嘉璈想起正在女子师范学校读书的小妹张幼仪，年方十三，品貌端淑，温雅秀丽。张幼仪祖父为清朝知县，父亲张润之，名祖泽，早年家境颇丰。张祖泽有八子四女，张幼仪排行第八，为其次女。她的二哥张君劢、四哥张嘉璈皆留学日本，学问颇深，为当时政界、金融界名流。

后得知这位风采翩然的少年英才为硖石商会会长徐申如的独生子，张嘉璈表示愿将芳龄待嫁的妹妹张幼仪许配给徐家公子。徐申如自是欢喜异常，自古门当户对，更何况张家家世显赫，又为书香门第，加之张幼仪乃名门闺秀，容貌端庄，和徐志摩可谓

## 第五章
### 有凤来仪

郎才女貌，良缘天赐。

当家人将张幼仪的那张黑白照片递给徐志摩时，他只是撇撇嘴，不屑道："乡下土包子。"看似漫不经心的一句话，却将他们的心隔在两个世界，纵是婚后亦始终不得相爱相亲。徐志摩是一个向往自由的人，愿同明月清风那般闲逸自在，来去无心。他不喜珍贵的人生受制于人，更不愿神圣的婚姻为别人所安排。

父母之命，媒妁之言。他如何轻易挣脱，如何抗拒？无论是张幼仪的家世，或是容貌，他皆没有批判逃离的理由。那时的徐志摩尚不解情为何物，却可以断定张幼仪绝非他内心钟情的女子。不是陌上花开缓缓而至的佳人，亦非西子湖畔那朵素白的莲，更不是寂寞楼台那剪明月光。

他只当是人生必经过程，且不放于心，不付于情。那时的他不过十七岁，所有的心思皆落于学业上，不计儿女情长。于他心里，她只是一个寻常少女，不够美丽，亦不十分可爱。他对她没有情，亦没有厌烦，他只不过在履行人生的义务，再无其他。

1915年夏日，徐志摩从杭州府中毕业，考入北京大学预科。同年十月，徐志摩回到老家硖石，和张幼仪成婚。从此，他的生命里多了一个女人。

婚礼在硖石商会举办，鼎盛豪华，宾客如云。堂上高烧龙凤花烛，房中随处可见鸳鸯并蒂，硖石数里之内皆见喜气。独有新郎望着窗外霜风冷月，内心怅然若思，不欣喜，不凄凉，不感动，亦无怨念，只觉人世荒唐如梦，却又那么真实，不可逃离，无处躲藏。

她不是他爱慕的女子，不够灵巧风流，也不烟视媚行，却又偏偏生得那般端正贞秀，贤惠明净，让他挑不出差错，只能在心中抵触，以沉默相待。看着眼前的俊俏郎君，潇洒才子，张幼仪内心喜悦至极，她感恩命运的此番安排，让她在最好的年华里有了如此美丽的相遇。

他是她命定的良人，她却不是他的如心伴侣。他渴望一个气质如兰的聪慧佳人，春水清颜，与他偎依月下，情话绵绵。可张幼仪只愿做那寻常凡妇，对之恭敬温柔，不娇不妖，低眉顺目，安守内心的甜蜜和幸福。

可她幸福吗？她的丈夫在人前意气风发，爽朗潇洒，于她则是冷语相待，从无半点柔情。彼此间虽说相敬如宾，却平淡乏

## 第五章
## 有凤来仪

味,丝毫没有感受到新婚的惊喜和温情。她安心做又申的老婆,做徐家的少奶奶,府中上下亦无人不道她好,无人不尊重她的品行。

她就是这样的女子,视丈夫公婆为天为地,心中明朗清丽,万物皆是喜乐平宁。她尽心尽意孝顺公婆,与夫相依,为他平凡烹煮,红袖添香。她在自己编织的梦境里安稳恬静,从不相争,顺从命运。她始终坚信,真心温柔地待他,终有一日会修得正果。

他寡言少语,偶然一个微妙的眼神,她亦视作恩宠。她知道,以他的才情和抱负,不能与她朝夕相伴,她只安心守着和他每一个相处的瞬间,如此便已知足。他们的世界从未有过浪漫温馨,有的只是同桌同食、同床共枕的缘分,如此便胜却人间无数。

倘若没有战争纷扰,不为自由所动,只守着高墙大户过富庶宽裕的日子,何尝不好?无聚散离合,唯春风秋月,长日厮守,漫漫人生,亦为福报。试想,历来多少帝王将相拔剑起舞,收复山河,不尽悲壮苍凉。到最后,对着长江落日、炊烟暮霭,谦逊难言。所得所失,不过如此。

人世迢迢，多少大事等他去完结，他的使命尚未开始，况他风雅少年怎可生倦怠之心？张幼仪的温柔贤淑、逆来顺受并不能挽留他的心，更无法约束他的情。婚后不久，徐志摩就前往上海浸信会学院读书，独留张幼仪于硖石小镇守着深宅旧院，守着他们华丽的婚房，寂寞度日。

她不知她此生的寂寞才刚刚开始，更不知未来等待她的又将是怎样的清冷岁月。梁间的燕子，池中的鸳鸯，或是檐下的花枝，皆有所归依，有所痴恋。她的内心本该华贵充实，却有那么一个角落，一个不为人知的角落，无法填补。

是啊，人生就是如此不得释怀解意。纵是一把千年汉木古琴，不遇知己，亦弹不出清音佳韵。她日夜守于小窗下，盼着丈夫归来与她鸳鸯罗帐，温情缠绵。他则期待一场金风玉露的相逢，得一如花美眷，伴他似水流年。

只一句，情浅缘深，误了秦楼之约。

# 第六章

## 北国知遇

> 他那颗向往游离的心,是否会甘守当下的富贵平静,享受烟火幸福?

人世庄严,也随性。多少恩怨悲喜,善恶得失,皆可花间相忘,用光阴相抵。人的一生总是有太多解不开的情结,纠缠于一些微小的事物,生出执念。且看时光之外,和暖的春风,那一树一树的繁花,弥漫于阳光下的粉尘,以及熙攘的人群。原来凡尘琐事,蜂喧蝶飞,让人如此眷恋不舍。

缘分有起有灭,爱情亦需要觉悟,需要自醒。徐志摩对张幼仪并非冷情,张幼仪对徐志摩亦不是痴心。他们只是在自己的情感里寻找适合自己的方式。她希望,有一天他倦了风物,她还会是他的归依。他只愿,兰舟独上,阅览天下无际风光。

那时的徐志摩还是一个未曾真正长大的孩子,尚不能承担更多的责任。他是男儿,自是有游历山河、登高怀古之心,她则甘愿守着街巷小院,安享岁月吉祥安稳。水远山长,她在厨下生火煮饭,于堂前为翁姑端水奉茶,在窗下缝衣纳鞋,心里念着的都是他。

关于她和徐志摩之间的感情,张幼仪一直沉默相待。虽知他们并非人间仙侣,亦不恩爱情长,但毕竟是别人的故事,不曾亲历,亦不能深悟。直到晚年,张幼仪方说出一段话,让人听罢怅然无言,潸然泪下。

"你总是问我,我爱不爱徐志摩。你晓得,我没办法回答这个问题。我对这问题很迷惑,因为每个人总是告诉我,我为徐志摩做了这么多事,我一定是爱他的。可是,我没办法说什么叫爱,我这辈子从没跟什么人说过'我爱你'。如果照顾徐志摩和他家人叫作爱的话,那我大概爱他吧。在他一生当中遇到的几个

## 第六章
### 北国知遇

女人里面,说不定我最爱他。"

爱于每个人心中都有所不同,每个人爱的方式亦有不同。张幼仪的爱内敛深沉,不言于表,她对徐志摩的爱不图回报,只是默默付出。她从不问徐志摩是否对她有情,亦不期盼得到他的真心。与其跟随命运担惊受怕,不如做纯粹的自己。情爱本无价,爱与不爱无从计较,无可计较。

自由散漫的徐志摩没有安心念完浸信会学院的课程。黄浦江的涛声依旧,这座高贵又孤独的金粉之都尚没有他寄存梦想的地方,也没有他情牵之人。他需要奔走迁徙,去经历更多的世事,邂逅风尘以及热烈的未来。

离沪北上,到天津北洋大学的预科攻读法科。次年,也就是1917年,北洋大学法科并入北京大学,徐志摩随即转入北大就读。北国风光自是壮阔无边,这里自古为英雄名流汇聚之地。一代江山起落无意,历史沧桑不言,送成者,也送败寇。

徐志摩来到北京,看到浩荡山河,内心更是汹涌澎湃。于北大就读,徐志摩沉浸于书海之中,攻读日文、法文、政治学、法学。他广交良朋挚友,同他们一起探讨学术、评论时势。那颗原本就放纵不羁的心更加崇尚浪漫、自由。他知道，前程注定坎坷多灾，为了心中美好的人生和爱情，他要不管不顾，风雨不惧。

北大读书期间，徐志摩借住于蒋百里家，称他为"福叔"。他们虽以叔侄相称，却形同莫逆，亦为尘世中的知音。蒋百里，浙江海宁人，为清末秀才、民国时期著名军事理论家、军事教育家。更巧的是，蒋百里还是梁启超的得意门生。

徐志摩和蒋百里对人生和爱情的态度有太多的相似叠合之处。蒋百里深得梁启超思想精髓，是个果敢有谋之人。1913年，蒋百里为保定军校校长时，催要经费遭到回绝，他召集全校两千余名师生紧急训话，慷慨陈词。随后，蒋百里掏出手枪自杀，所幸命不该绝，吉人天相。

养伤期间，看护蒋百里的为一个日本女子，名叫左梅。她年轻美丽，温柔似水，对受伤在床的蒋百里体贴照顾、细心护理。她敬佩他的英勇胆识，他爱慕她的柔情秀丽。彼此暗生情愫，许下盟约，愿红尘携手，朝朝暮暮。

蒋百里有情有义，他不惧传统封建观念，更抛弃民族隔阂。在他心中，至真至美的爱情无关地域，没有年龄之分，只要彼此

## 第六章
## 北国知遇

真心相爱，便可相依相守。之后，蒋百里正大光明地娶左梅为妻，二人朝夕厮守，安享爱情的幸福和甜蜜。

乱世里的情爱更见真心，盛世里的情爱多如游戏。徐志摩渴望自己可以邂逅一场刻骨铭心的爱恋，如此方不负他多情风流之身。在江南，还有他明媒正娶的妻子痴心等候。他的心放得下山水风物，放得下人情冷暖，放得下民主自由，独独不能安放张幼仪。

那时的张幼仪怀胎十月为他产下娇儿，取名徐积锴，乳名阿欢。文辞喜讯，徐志摩风尘仆仆地从北国赶往江南。江水碧青，山脉逶迤，一路上见肩负重担的贩夫，艄公摇橹，光阴与水无声流去。又隐隐地听到谁在唱："过往的君子听我言……"

山风溪水，明月孤舟，到底可亲。只觉自盘古开天辟地便有了硖石这个地方，然前世已投生于此，故有了久别重逢的熟悉和感动。看着堂前的双亲，两鬓生白的阿奶，静坐于檐下抱着稚子的妻，内心百转千回，是喜，是忧，是慰藉，是遗憾。

月老真是糊涂物，竟如此轻易草率地订了终身。若这庭下女子，眼前妇人，是自己情之所钟、爱之所系之人，又该是怎样的一种满足和感恩。朱门大户，家财万贯，书香四壁，双亲安在，妻儿美满。他那颗向往游离的心，是否会甘守当下的富贵平静，享受烟火幸福？

不，纵算有佳人相伴，他亦不会甘于平淡和寂寞，他的心还有比诗和情更为高远的志向。炊烟人家不是他藏身之处，天地之间尚有许多惊心动魄的风景。他像是画堂前拂过的一缕风，短暂地停留，继而隐没在日月山川里。

1918年，夏日声喧，风月静好。经蒋百里相荐，加之张幼仪之兄张君劢的介绍，徐志摩终于结识他仰慕崇拜多年的英雄梁启超。人和人之间的缘分微妙又真实，无论是爱情或是友情，不因年龄、地位而羁绊。梁启超和这位少年英才一见如故，并爽然地收他为徒。

于徐志摩而言，能拜自己钦佩之人为师是此生无上荣光与福报。一路行来，亦算是风云驰骋，无有拦阻，今再觅得恩师，更觉人生胜极，照影惊心，不敢有丝毫的亵渎和怠慢。在恩师面前，他恭敬而谦逊，不言浮辞，句句铿锵有理。

目光深远、见识过人的梁启超极为欣赏爱徒徐志摩。惜他栋

## 第六章
## 北国知遇

梁之材,鸿鹄之志,梁启超提议让徐志摩出国留学,待学成归来得以报效国家,拯救百姓众生。乱世荒芜,急景凋年,多少人沉睡迷离,仓皇失措,只待有志者去唤醒,去救助。

肩负着民族复兴的大任,徐志摩顿生豪迈慨然之心。先生的知遇之恩令他受宠若惊,更是永生不忘。徐申如得知梁启超收爱子为徒,其为喜悦骄傲,对于赴美留学之事亦是极力赞同和支持。况徐家家境殷实,有足够的能力供徐志摩一展雄心抱负。

临行前,徐志摩写了封措辞谦卑的信函给梁启超,短短数言,尽诉其对恩师的崇敬与热爱。

"夏间趋拜矩范,眩震高明,未得一抒其愚昧,南归适慈亲沾恙,奉侍匝月,后复料量行事,仆仆无暇,首涂之日,奉握金诲,片语提撕,皆旷可发蒙,感抃乍会至于流涕。具谂夫子爱人以德,不以不肖而弃之,抑又重增惶悚,虑下驷之不足,以充御厩而有愧于圣门弟子也。敢不竭颐步之安详,以冀千里之程哉?"

因徐志摩行将赴美留学,梁启超特意写信给他,并赠他《饮冰室读书记》两千余言以壮行。古有伯牙子期琴曲里遇知音,高山流水，推心置腹。今有梁启超和徐志摩师生情深意重，以文相赠，字里诉衷肠。

自古江山兴亡如花落花开，虽历风烟乱境，终会岁序安宁。多少雄图霸业付与残照秋水，纵有鼎盛煌煌，也草草过去。不尽意之事且都删去，唯剩梅亭春风，兰溪烟柳。

# 第七章

## 天涯道路

> 故乡的明月竹风、流水轻烟仿佛只是昨天,却分明已隔经年。那些温暖记忆、山水柔情,于梦里辗转,挥之不去。愿用前生所有修行换取一次重逢,可好?

长亭短亭,渡溪过岭,诗人词客登高望远,游人荡子则世海飘零。明知世事如梦,还是想不开,看不透,放不下。日月山川,天涯道路,悠深难测,云深不知处有跌宕浮沉,也有风光惊喜。

黯然销魂者,唯别而已矣。人世离愁别绪最是沧桑难言,却又无处不在。徐志摩离开北京，返回硖石老家，筹备远行之事。徐府上下一片喜气，却也是一片伤远惆怅。徐志摩素日虽也是南北各地奔走，到底路程不远，归来亦方便。此番漂洋过海，隔水隔国，再相见，只怕人事偷换。

看着年迈的阿奶，忆起儿时旧事，一颗蜜枣、三片状元糕的甜蜜和温暖是此生还不尽的深恩。父母殷勤的嘱咐、不舍的眼眸，亦令他心酸断肠。老仆家麟以及徐府的仆人侍女，甚至府中的楼阁长廊、亭石花木，皆让他依依难舍。他虽有一颗自由放逐的心，到底诗人情怀，柔肠百结。

黯然神伤的则是他的妻子张幼仪。新婚不过三年，他们相处的时光只有短暂的一个春天。当初张幼仪放弃自己的学业，妙龄之时嫁与徐志摩，便安了心做一辈子凡妇。此三年，她修身克己、孝敬翁姑、教养娇儿，对待仆人亦是谦和温婉。丈夫素日往返奔走，她只默默承担，从无半句怨言。

她心明如镜，知道自己并非徐志摩钟情的女子。他对她更多的只是一份责任，又或者，仅仅只当是人生的一场意外。她不想轻易猜测在他内心她有多少分量，只愿静静守候，唯愿水滴石穿，云开月明。哪怕只是如此庸常地相伴一生，亦当无悔。

# 第七章
## 天涯道路

独自于橱窗下为他打点行装,他的冷漠让她连关照的话都无从说出口。他自是心中有愧,她如此识体端庄、善良内敛,让他不忍伤害。可到底要依从自己的心,不能屈就,他梦中的女神定然还在某个转弯的路口将之等候。

窗影下,他明媒正娶的妻静若莲花。虽不够惊艳,却亦有一种沉静风流,令人望之酸楚。此生他与她一如落花流水,有缘相聚,无缘相依。看着稚儿阿欢,他既有初为人父的喜悦,又有辗转难舍的离愁。可他肩负复兴中华的使命,岂可优柔寡断,唯有斩断情缘,孤身去往天涯。

荡子心情,飘忽人世,真是悲喜相从。1918年8月14日,徐志摩与刘叔和、董任坚同行,乘坐"南京"号,横渡太平洋,奔赴美国。同船还遇到出国的汪精卫,他在《西湖记》中曾提起这次相遇。

黄浦江畔,浪里浮沉,多少人匆匆来过,又匆匆离去。他们从容漂荡,不想成为上海滩的传奇,亦不想被谁记起。夏日炎炎,徐志摩也只是一个凡客,隐没在拥挤的人群中,转瞬不见身影。唯留送离之人,在江畔踌躇,直到船只驶向茫茫大海,再无痕迹。

波澜壮阔的太平洋望不到边际，其心宛若这海天一色，豪迈慨然。徐志摩带着人生的信念去往异国他乡，他深信，有朝一日学成归来，定可救万民于水火。旅途漫漫，经历二十多日的海上辗转，方抵达美国圣弗朗西斯科。

短暂的歇息，徐志摩便去往马萨诸塞州的克拉克大学，择了历史系，学习政治学与社会学。初到美国的徐志摩，形容自己是"意气方新，桓桓如出栅之虎，以为天下事不足治也"。他无时无刻不谨记使命，心系祖国，不忘天下苍生。

至美国不久，他给梁启超写了一封信，讲述于此求学之境。"生于八月中发沪，道出横滨檀香山，阅二十一日，而抵金山，然后横决大陆，历经芝加哥纽约诸城，今所止者，麦斯省之晤斯忒也。入克拉克大学习，生计国人于此不及百，学者十人而已，此间人士切心战事，上下同忾，爱国热忱，可为敬畏，其市则供给日匮，物价日昂，生活艰难，良未艾已。"

满腔激情付与文字，愿随滔滔江浪，漂洋过海去唤醒沉睡的民族。原本随性懒散之人，赴美之后却不敢有丝毫的怠慢。他生怕打一个小盹，看一场花开，便耽搁了珍贵的时光。他同室友董任贤、张道宏、李济共订章程，内容为：六时起身，七时朝会

(激耻发心),晚唱国歌,十时半归寝,日间勤学而外,运动跑步阅报。

一战结束,美国举国欢庆,那股热情浪潮深深震撼其心。徐志摩期待中国有一日亦可以团结、强盛。西方的教育文化开阔了他的视野及胸襟。他希望自己能够在短时期内磨砺修身,不坠志气,将日子过得明亮洒然,过得理直气壮。他愿用自己的热忱艰辛换取未来的沉稳。

徐志摩在学校里修习了欧洲现代史、19世纪欧洲社会政治学、商业管理、劳工问题、社会学、心理学等课程,内容丰富,领域广泛。除此之外,徐志摩选修法语、德语,西班牙语,他誓克服一切障碍,于学海所向披靡。

剩余的时间,徐志摩以日记的形式,用质朴真切的语言描述当下的生活,并与恩师梁启超保持通信,分享其内心感受。他的思想、眼界、胸怀以及文采,皆有了更高的境界和深度。他不再是硖石小镇那个只读四书五经的孩童,也不是杭州府中那个血气方刚的少年,而是一位有学识、肩负国家民生大任的热血青年。

十年磨一剑,徐志摩仅费了一年多辰光就修完了克拉克大学的科目，并取得一等荣誉学位。光阴催急，他没有多余的时间可以虚度，珍惜寸阴寸辰，尽管他还足够年轻。很快，他转入纽约哥伦比亚大学攻读硕士学位。

新的环境，新的时空，一切都没有改变，一切还是那般仓促。除了不断地选修课程，徐志摩还参与社交，和一起留学的同学探讨、研究学术。他儒雅的气质，不凡的谈吐，深深感染着身边的每一个人。

后来，徐志摩与尼采在书里相逢，对于尼采这位著名的哲学家，其思想境界令徐志摩深深沉迷。"我仿佛跟着查拉图斯脱登上了哲理的山峰，高空的清气在我的肺里，杂色的人生横亘在我的眼下。"

此时的徐志摩已然取得哥伦比亚大学的硕士学位。可他却毅然放弃攻读博士学位，决定去往另一个国度，只为寻找一个他钦佩的人——罗素。

罗素，20世纪英国哲学家、数学家、逻辑学家，也是20世纪西方最著名、影响最大的学者和和平主义社会活动家之一。他才华过人，崇尚和平，抗拒战争，时任英国剑桥大学讲师和研

## 第七章
### 天涯道路

究员。

无论历经多少风雨周折,徐志摩的心永远都自由潇洒。他去往英国只为一个纯粹简单的理由,不生丝毫的杂念。他只是想去拜访一个他真心赏慕的人,寻求生命旅途中的一位知己。

是否有缘,无从知晓,但他决意之事不会更改。此去茫茫,不问前程,他不知如此奔走努力会换得怎样的果报。他亦只是泱泱大国里的一粒尘埃,用其微薄之力,独自承担一片天空。

明月万里,遥寄相思。故乡的明月竹风、流水轻烟仿佛只是昨天,却分明已隔经年。那些温暖记忆、山水柔情,于梦里辗转,挥之不去。愿用前生所有修行换取一次重逢,可好?

# 第八章

## 雨雾之都

> 伦敦的烟雨好似故里江南,又非江南。江南的雨婉约古意,灵秀风致,带着千年的愁绪和沧桑。而伦敦的雨诗意浪漫,典雅高贵,带着异国的唯美和风情。

缘分当真是奇妙,看似清醒,实则糊涂;看似认真,实则游戏。谁也不知过尽万水千山会与哪个人相遇,更不知来来去去会和谁携手白头。所能做的,只是在渺茫的人世行途中,相见、转身、重逢,继而离散。

1920年秋,徐志摩离开美国去往英国伦敦,只为寻找罗素,

# 第八章
## 雨雾之都

寻找灵魂的知己。唾手可得的博士学位于他不过是一纸空文,毫无意义。在他心中,弥足珍贵的是情义,是可以与之心灵对话的知音,是世间一场又一场美丽的相逢。

遗憾的是,当徐志摩一路风尘赶至英国,罗素早已赴约去中国讲学了。这段缘分,如此擦肩而过,再要相见,不知是何时。满怀热情的徐志摩在这座陌生的城市里顿觉落寞惆怅。但这些年的历练让他早已学会顺应自然,随遇而安。

更何况像他这等风流才子,从不缺舞台,从不担忧寂寞。安顿下来,徐志摩去了几处名胜古迹,与许多风景邂逅相知,竟然在不经意中爱上了这座古老的城。伦敦,一座雨雾之都,迷离诗意的烟雨整日若有若无地飘着,闲逸而缓慢,温润亦柔情。

伦敦的烟雨好似故里江南,又非江南。江南的雨婉约古意,灵秀风致,带着千年的愁绪和沧桑。而伦敦的雨诗意浪漫,典雅高贵,带着异国的唯美和风情。正是这座雾都真正滋养了徐志摩的诗性,唤醒了他的灵魂和梦想,让他有一种千帆过尽的归依和安然。

他决意留下来,撩开萦绕的迷雾,看清它亮丽的容颜。徐志摩申请进入伦敦大学政治经济学院攻读博士学位。他同以往一样，乐此不疲地参加各种演讲会和报告会，广交良朋挚友。在此期间，徐志摩结识了威尔斯、韦利等英国作家，与之关系深刻的还有金岳霖等一批优秀的留学生。

英俊风流的外貌，儒雅从容的气度，加之与生俱来的幽默和风趣，让这个诗性男子魅力无穷。数日光景，徐志摩在伦敦大学已是盛名远播。他的修养和风采，才情和诗意，得到许多年轻女子的青睐。她们都是新时代的女性，各有涵养，各有情怀。看着蝶飞花舞的妙龄女子，徐志摩有赏慕之心，却无爱恋之意。

在缘分的路口，他始终在守候，守候一位让他一见倾心的绝世佳人。宁可错过、遗落一些风景，亦不能轻易迁就。世间百媚千红，他只要钟情的那一朵。他坚信，那个人必定在茫茫人海中将之寻找，将之等待。他不来，她不会离去。

繁杂的学业，忙碌的生活，让时光过得紧凑而仓促。闲暇之余，他亦会偶然想起硖石老家窗影下贤惠的妻，想起他那已经开始牙牙学语的稚子。短暂的思念还未在心底泛起一丝涟漪，瞬间便荡然无存。

## 第八章
## 雨雾之都

生命中另一段机缘在将其等待。偶然的机遇,徐志摩在伦敦国际联盟协会席上,结识了英国著名作家狄更生以及政坛名人林长民先生。在徐志摩的心里,狄更生有如梁启超,让其无比地钦佩敬仰。

因受狄更生思想所感召,徐志摩决意放弃从政之路,拾起文学的笔,愿有朝一日,立于文坛之上,用文字唤醒更多沉睡的灵魂。他本是诗性柔情之人,与文字仿若久别重逢的故交,从无疏离、生涩之感。

狄更生亦是他寻觅多年的故人。经狄更生推荐,徐志摩随后进入了剑桥大学王家学院学习。是狄更生让他邂逅了康桥,而康桥给了他诗的源泉,给了他心灵与爱的归依,给了他一段刻骨铭心的爱。

"我的眼是康桥教我睁的,我的求知欲是康桥给我拨动的,我的自我的意识是康桥给我胚胎的。我在美国有整两年,在英国也算是整两年。在美国我忙的是上课,听讲,写考卷,啃橡皮糖,看电影,赌咒。在康桥我忙的是散步,划船,骑自转车,抽烟,闲谈,吃五点钟茶牛油烤饼,看闲书。"

可见，徐志摩在美国的时光是繁闹而忙乱的，于英国康桥则是安逸而悠闲。康桥带给徐志摩太多的灵性和诗情，于烟雨中漫步，在阳光下做一场梦，皆是曼妙风情的。康桥更是徐志摩人生的转折地，在这里，他告别过往的喧嚣，于静谧中寻到前世走失的自己。

"每当狄更生在王家学院时，徐志摩就常在狄更生的套房内闲坐聊天；但狄更生在欧陆的时候也不少，当他不在时，徐志摩有时仍会到他的宿舍，坐在门口凝思。据说就是这样他会呆坐几个钟头。"

他珍视生命中这段巧妙的机缘，珍视人间温暖的感动。后来徐志摩回忆起他与狄更生相处的时光，曾深情说道："英伦的日子永远不会使我有遗憾之情；将来有一天我会回思这一段时光，并会忆念到有幸结交了像狄更生和你（指傅来义。——编者注）这种伟大的人物，也接受了启迪性的影响，那时候，我不知道自己是否会动情下泪。"

狄更生亦为徐志摩的真诚所动容，更珍爱他的才情和风度。人世情意浩荡如天，纵是隔了时空，隔了国度，亦可心灵相通。物转星移，飞沙走石，多少世事淹没于岁月的风尘中，唯有人间

## 第八章
## 雨雾之都

真情、铭心的记忆不会消失,不能转移,不可更改。

然徐志摩的真心终没有被辜负,他的寻找和等待得到完美的安排。那是一个阳光明净的午后,徐志摩见到了讲学归来的罗素。之前和罗素的错过,到今日的如愿以偿,令他百感交集。在他面前的,是一个才华横溢、幽默桀骜的长者,一个有着深刻灵魂的思想家。

他崇拜他,欣赏他,亦追随他。此后,徐志摩成了罗素家里的常客,热心地参加罗素所有的演讲和报告会。每次与罗素交谈,徐志摩皆心服诚悦、钦佩至极。罗素的人生价值观、对爱情婚姻的态度及其个人的魅力,震撼着徐志摩的心灵。

"每次我念罗素的著作或是记起他的声音笑貌,我就联想起纽约城,尤其是吴尔吴斯五十八层的高楼。罗素的思想言论,仿佛是夏天海上的黄昏,紫黑云中不时有金蛇似的电火在冷酷地料峭地猛闪,在你的头顶眼前隐现!"

徐志摩的热情爽朗、才华见识,让他的人生有着种种不凡的际遇。正是因了这许多美丽的相逢、相知,让徐志摩在异国他乡不觉孤清。漂洋过海的几载时光,更多的是温情记忆,而少有流离辗转的感触。他是一个游子,一个过客,幸运地寻到了灵魂的港湾。

徐志摩的一生短暂却深邃,他途经的山水、邂逅的缘分、遭遇的浮沉是许多人几生几世都不曾经历的。他的人生仿佛预支了许多美妙和惊奇,他怕余下的岁月不够精彩,故省略了许多过程。又或许,他把一生的风景和故事都早早看尽,演完,再不必朝暮虚度。

这形形色色的人,纷纷扰扰的景,亦只能伴他走过一段路程。剩余的日子终要自己勇敢地走下去。远方的路是风雨凄迷,还是阳光和暖,不得而知,他所能做的只是和文字相依,与光阴同行。

# 第九章

## 康桥之恋

> 陌上红尘，多少衣香鬓影、秋水丽人，究竟谁才是你过尽人海的归依。蓦然回首，原来于佛前苦苦相求的缘分仅是刹那的相逢。

光阴的溪流时浅时深，时急时缓，一如人生时而平淡沉静，时而波涛不息。走过的岁月，看罢的山水，不能转身，也无法重来。

陌上红尘，多少衣香鬓影、秋水丽人，究竟谁才是你过尽人海的归依。蓦然回首，原来于佛前苦苦相求的缘分仅是刹那的相逢。他依旧整日沉醉在伦敦的烟雨中柔情百转，徜徉于康桥的碧波里诗心荡漾。他看似漫不经心，实则一直在痴痴守候那位水畔伊人。

彼时，国内政界的风云人物林长民赴欧洲考察。与之同行的，还有其十六岁的女儿林徽因。林长民和徐志摩的恩师梁启超为政坛好友，徐志摩早在国内便久闻大名。一次机缘巧合，有幸参加林长民的演讲会，并与之一见如故，成为挚友。

徐志摩并不知他与林长民的忘年之交会牵引另一段缘分。他不知会因此结识与之纠缠一生的女子，发生一段铭心刻骨的爱情。在美丽的伦敦，在诗意的康桥，是宿命，是成全，是错误，抑或仅仅只是一段插曲。

她叫林徽因，一个生来就让百花失色的女子。那时的她，二八芳华，风姿绰约，静若白莲，其父曾自豪地说，"论中西文学及品貌，当世女子舍其女莫属"。她此番漂洋过海不过是为了探看新奇的世界，汲取新颖的知识，邂逅鲜翠的风物。她以优异成绩考入圣玛利学院，仅凭素颜便足以倾倒众生。

林徽因不是小家碧玉，她秀美亭亭，落落大方。她既有江南

## 第九章
### 康桥之恋

女子的温婉底蕴,又受到西方文化的熏陶,她柔情又聪慧,典雅亦高贵。她博览群书,领略过名山大川,结识过社会名家。然而她更喜欢独自待在居住的寓所,偎于壁炉边,调一杯咖啡,读书静思。奈何雨雾之都总是添惹寂寞,撩人情思。

那是一个寻常的午后,微风细雨,时光静好。徐志摩和林长民像以往一般愉快地交谈,林徽因不经意的一抹倩影令徐志摩怦然心动,从此种下情根。仅一个瞬间,他便认定,这个女孩是他魂牵梦萦、等候多年的恋人。

世间当真有如此娉婷婉约、秀丽轻灵的女子。她是那个从三千年前的《诗经》里缓缓走来的女子,是那个历经唐月宋水的女子,是春风十里邂逅的故知,也是民国世界里的绝代佳人。

不知前世多少次的错过,今生多少年的等候,才换来这金风玉露的相逢。一刻千金,那个午后让徐志摩恍入幻境,愿此生于梦里沉睡,不必醒转。归去之后,徐志摩更是整日神魂颠倒,心中无国事天下,更无百相众生,只有林徽因的身影、清颜。

自此,徐志摩开始拒绝往日烦琐的社交,频频拜访林长民。甚至在那段时间里,徐志摩每天都去林家喝下午茶,只为一睹佳人风采，得见她一颦一笑。他与林长民整日高谈阔论，古今中外，文学人生，政治时事，生活爱情。

剩余的时光，徐志摩便和林徽因对坐，有时欢声笑语，有时相看无言。素日里风趣幽默、能言善语的徐志摩，在林徽因面前竟有种种不安和惶恐。她春水素颜，所有华丽美妙的言辞于她无丝毫作用。任何的修饰、雕琢、衬托都是对她的侵犯。

她端坐如莲，高贵优雅，娟秀清丽的脸上却有一种不可言说的静婉风流。他试图使尽所有言语，竟不及她的沉默。他甚至坐立不安，只看着她，心里就满满的，不去思想。她素手兰心，让他惊喜胆怯，爱慕难舍。原来，在遇到真爱之时，一切都尽心如意。

对，她是人间的四月天，是爱，是暖，是希望，是天真，也是庄严。她是莲花之身，不惹愁牵怨，不悲天悯人，不哀乐缠身，不染红尘俗念。他内心的情感早已波涛汹涌，泛滥成灾，她始终沉静温和，不惊无恙。

他不知，那时的她正值妙龄，情窦初开，成日面对这样一位风流才子，被他诗样的语言、儒雅的风度所感染，又如何不会生

## 第九章
### 康桥之恋

出爱慕之心。只是，爱情于她太过陌生和迷离，仿佛是小说里的故事。他们之后如同阳光和烟雨，秋水与春风，有太多的不合时宜，亦有太多的商量不定。

那时，他二十四岁，早已成婚，且有一个两岁的孩子。而她，十六芳龄，并早已知道父亲将她许配给梁启超的长公子梁思成。她虽受西方教育，却是个知书达理、有涵养的女孩。她澄澈如水的内心，因他的出现，泛起了涟漪。

在她最美的时候遇见了不该遇见的男子。是幸，还是不幸？倘若没有徐志摩，林徽因的一生亦不会平淡如水。以她的美貌和才情，无论行至何方，所遇何人，命运皆会有不凡的安排。但徐志摩给了她世间寻常男子所不能给的诗情、浪漫以及感动。

他视她为人间高贵的女神，为爱情的使者，为此生命定的主人。他怕自己轻易去表白会将之惊吓，他更厌恶自己是已婚男子，般配不起她的洁白纯净。可他无法按捺内心的情感，亦顾及不了那凡尘的许多规矩，他生怕因了自己的怯弱和犹豫，与苦苦等候多年的爱情轻易擦肩。

他愿自由如诗，像春风一样走进她的世界，给予她爱和柔情。他们相约在康桥，于河畔金柳下，于烟雨小舟上，一起畅谈文学、艺术、人生、诗歌和爱情。彩虹筑梦，夏虫为媒，一切都那么自然由心，那么浪漫唯美，可是又那么令人黯然神伤。他的爱形同烈火，又如浪涛，来势汹汹，让她躲闪不及。

他深深沉醉在爱河中，甜蜜忧伤，她迷失在情感世界里，彷徨不安。他炽热狂野，她腼腆拘谨，他情难自禁，她羞涩难语。他为她写下一封封热烈的情书，一首首爱慕的情诗，她却不敢回他只言片语。他认她为魂之所系、情之所钟的女人，她总是刻意躲避他那温情灼人的目光。

他彻底沦陷于这场爱恋，无法清醒自拔。对着康桥荡漾的碧波，对着斜阳金柳，许下海誓山盟，但求地老天荒。尽管他的内心惆怅不已，她的沉默牵扯出他无尽的愁思和恐慌。但她高贵的容颜，超然于世的美丽，令他不由自主，甘愿与爱誓死相随。

尘世有太多的不如人意，唯爱情可生可死。徐志摩知道，他丝毫的犹豫或止步都会令林徽因仓促转身。他应当不顾后果，不惜一切，只为换取她的一次回首，一次微笑。她毕竟只是一个情窦初开的少女，对于眼前这个已有家室的男子如何敢轻言爱意，倾诉相思。

## 第九章
### 康桥之恋

纯洁如她，在迟疑中不知该如何面对他的一往情深。若说爱，心中为何那般惶恐迷离，不知所措；若说不爱，又为何那般失落寂寥，怅然难舍。她太过年轻，从小在旧式伦理教育熏陶下长大的女孩根本无力承受他沉重的感情。

他依旧不离不舍，每日如影相随，她只好委婉相待，不接受，亦不拒绝。人世爱恨情怨如沧浪之水，如何可以做到清澈分明？他本是文人诗客，她亦是才女佳人，其喜乐哀思又岂同常人？

他自是纵身一跃，落入情海，不问死生，她亦不能做到置身事外，毫发无伤。寂夜里，她写诗："生命早描定她的式样，太薄弱是人们的美丽的想象。"林徽因是一个爱做梦的女孩，只是她有一颗清醒的心，她明白生命的方式，不会轻易让自己沉迷，让自己被情爱所伤。

### 深夜里听到乐声

林徽因

这一定又是你的手指，
轻弹着，
在这深夜，稠密的悲思。

我用尽青春
只为寻你

我不禁颊边泛上了红，
静听着，
这深夜里弦子的生动。

一声听从我心底穿过，
忒凄凉，
我懂得，但我怎能应和？

生命早描定她的式样，
太薄弱
是人们的美丽的想象。

除非在梦里有这么一天，
你和我
同来攀动那根希望的弦。

# 第十章

## 慧极必伤

> 情感这条路荆棘丛生,心不动则不伤,心若动,则伤其身,痛其骨。可人生有情,如何能够做到不动不伤、无痛无恙?

人生何来辜负,何来相欠之说,爱与不爱都不由自己。情感这条路荆棘丛生,心不动则不伤,心若动,则伤其身,痛其骨。可人生有情,如何能够做到不动不伤、无痛无恙?

当徐志摩备受情感的煎熬,在甜蜜与落寞之间彷徨时,林徽因亦是辗转难安,心绪不定。许多人都想知道林徽因到底有没有爱过徐志摩，有没有付之真心。或许，连林徽因自己都无法肯定地回答她对徐志摩的情感是爱还是不爱，又或者，始终游离在爱与不爱之间。

林徽因自是有情人，只是她过于聪慧，过于醒透，她不能轻易成全爱情，背叛现实。尽管她只有十六岁，但她知道投身于一场注定无果的爱情里需要付出怎样的代价。她坚强亦薄弱，没有更多力量去承受和担当，亦做不到为了爱委曲求全。

她明知徐志摩有妻室和孩子，怎会轻易将自己逼入烟雨小巷，陷入进退两难的境地。对于那个为徐志摩平凡生养、痴心守候的女人，虽尚未谋面，却真的于心不忍。她不想以爱情为借口，从而为难自己，伤害别人。

多年后，林徽因曾说过："恐怕我待他不能改变，事实上也是不大可能，也许那就是我不够爱他的缘故。"又或许，她的话违背了当时心意，只是假装漠然。徐志摩给了她美好纯净的初恋，可她却一直压抑自己，不敢释放内心真实的情感。她对徐志摩的迟疑和迷惘，不仅负累了自己，也束缚了别人。

情深不寿，慧极必伤。也许，林徽因这一生，将至美的爱恋

## 第十章
## 慧极必伤

给了徐志摩,将平淡的幸福给了梁思成,又将遗憾给了金岳霖。他们之间的情感一如攀附于青墙上的藤蔓,哪怕身处其间,亦无法彻底分辨方向。是爱,是责任,是感动,可谓冷暖悲喜自知。

这世上,最不可违背的是爱情,最不可批判的亦是爱情。有情时,愿将万物山河付之东流,只为守一人一心,甘苦相共,相约白首。无情时,只盼匆匆转身,从此形如陌路,此生此世再无丝毫纠葛。这一切皆缘于心,由不得人。

林徽因是徐志摩的梦中佳人,为这迟来的相逢,他已候万水千山,如今又怎会轻易让她走失。她刻意的躲闪、坚强的隐忍让他患得患失。他频频许下地老天荒的诺言,她深知,他无法从容兑现。

也曾想过,真正的爱或许可以不必厮守一生,只默默看着,深深祝福,未尝不是一种完美。可她灵巧的身姿、纯美的容颜、柔情的眼眸、高贵的气质让他深深着迷。想来那时让他用仅有的一次生命换一场轰轰烈烈的爱情,亦是甘愿。

就在彼此为爱怅然失所、商量难定时,张幼仪来了。她听命于徐家二老的安排,不惜万里之遥,漂洋过海,历尽波折,来寻找她两年未见的丈夫。她以为，她的到来可以安抚一颗游子的心，可以填补离愁的空落，可以焐暖人世的寒凉。

却不知，她的到来是如此的不合时宜，让人无法安置，甚至惊恐无助。她是他明媒正娶的妻，更是一把困住他青春与爱情的锁。他要做的，不是如何安顿好她，免她孤独流离，而是如何挣脱她的世界，潇洒如云。

关于徐志摩的内心世界，张幼仪似有感触，却又一无所知。她的人生好像习惯了被人安排。在家里，她听父母和兄长的安排。出嫁后，又听从公婆的教导。如今，在这异国他乡，更是要听从丈夫的主张。

后来，张幼仪回忆当时徐志摩在法国港口接她时的态度："我斜倚着尾甲板，不耐烦地等着上岸，然后看到徐志摩站在东张西望的人群里。就在这时候，我的心凉了一大截。他穿着一件瘦长的黑色毛大衣，脖子上围着条白丝巾。虽然我从没看过他穿西装的样子，可是我晓得那是他。他的态度我一眼就看得出来，不会搞错的，因为他是那堆接船的人中唯一露出不想到那儿的表情的人。"

## 第十章
### 慧极必伤

女人的敏锐让张幼仪心中有了不祥的预感。他们之间虽从未有过浓情蜜意,但他们毕竟是夫妻,是亲人。在这异国他乡,她举目无亲,他是她的天地,是她唯一的依靠。她相信,纵算他不爱她,亦不会弃她于不顾。

她没有错,离别两年,依旧红颜端然。可他看到她如前的打扮,心生厌烦,更令他念及林徽因脱俗的美。他并非不知道她的好,她的不易,亦不想伤她太深。可看着这个注定要被自己辜负的人,徐志摩当真没有丝毫爱意和怜惜。

在赶往伦敦的飞机上,张幼仪因不适而晕机呕吐,徐志摩非但没有安慰,还冷眼嫌弃道:"你真是乡下土包子!"随即,徐志摩竟然也晕机呕吐,张幼仪忍不住脱口说出:"我看你也是个乡下土包子。"

因为张幼仪的到来,徐志摩把家安顿在沙士顿。他们之间全然没有小别胜新婚的喜悦,徐志摩对她各种生厌、不适应。在这陌生之地,没有亲人朋友,语言不通,张幼仪过得无比艰难。面对丈夫的冷漠,她每日小心谨慎,诚惶诚恐。

这座美丽的雨雾之都,于她来说,是一座愁城,让她有种无所适从的害怕和迷离。她开始想念遥远的故乡，想念儿子阿欢，想念那个古老小镇的安逸和平稳。在那里，虽然整日寒窗孤影，没有丈夫的陪伴，却有公婆的疼爱，稚子常欢膝下的幸福。

原打算在法国继续完成荒废的学业，和丈夫一起同修同住。却不料，自己被困入这个看似温馨，实则清冷的小家，做回凡妇。张幼仪为徐志摩脱下旧式传统服装，换上洋装，为他料理家务，洗衣煮饭，为他勤俭持家，顾他冷暖朝夕。

尽管如此，她依旧害怕，怕做错事，怕说错话，怕丈夫的心越行越远。她委曲求全，于他面前呵护周到，转身则暗自神伤。他无视她的一切，对她沉默寡言，甚至吝啬一个温和的目光，更不舍给她一丝笑意。

有客来访，徐志摩则谈笑风生，幽默雅趣，客人一走，他随即对之冷眼相看，判若两人。张幼仪知道，她和徐志摩之间有一道永远无法逾越的沟渠。他的冷漠让她有苦难言，落寞悲伤。她甚至没有勇气去靠近他，她害怕如此苦苦维持的情意有一天会支离破碎。

## 第十章
### 慧极必伤

徐志摩亦是辛苦，明明心有所爱，却要和一个不爱的人同床共枕。因为张幼仪的存在，他无法像从前那般自由，那般肆无忌惮地和林徽因交往。让他魂牵梦萦的，是那绿柳河畔下的佳人倩影，是烟雨小舟上的温暖相依，是康桥上金风玉露的相逢。

他无法像以往那样日日拜访林家，唯有将万千柔情和思念寄于信笺。寂夜难眠，他于灯影下伏案写信，诉尽衷肠，期待和钟情的女子相依相守。为怕横生枝节，徐志摩将地址改为居所附近的一间杂货铺，而后日日风雨无阻地去寄信，取信。

他的心辽阔似海，令张幼仪无从揣测。看着他时悲时喜、患得患失的神情，她知道，他的心里一定住了别人。但她不敢试图拆穿，只是隐忍情绪，努力维持冰冷的现状。她怕，她真的怕他会将她弃如敝屣，搁置角落，不再问津。

他已被情爱牵缚，不由自主。为了爱，为了心中的女神，他必定要将她辜负。时光催急，满身疲惫的他再无意维系当下虚伪的安稳，他要勇敢地做一个抉择，宁可残忍无情地伤害张幼仪，亦不能失去至情至爱的林徽因。

他亦只是一个为了爱走投无路的人，可众生芸芸又有多少人能够原谅他对妻子的负心薄幸。又或许，日子是自己在过，又何必在意别人的眼光，得到别人的谅解，遵从别人的意念。

他愿和所爱之人同看千江水月、锦绣河山，不躲不避，不死不休。

# 第一一章
## 了断前缘

> 原来,爱一个人不只是默默隐忍,还有成全。成全别人,也是对自己的慈悲和宽厚。

情到深处,亦生亦死。爱到浓时,可抛可弃。

他愿得如花美眷,不负她似水流年。为了得到林徽因,与其朝暮厮守,徐志摩不介意伤害张幼仪,更盼着在最短的时间里了断前缘,做回自由之身,爱自己所爱的人,写自己想写的诗,看自己想看的风景。

人生百年仓促如梦，唯情爱得以经久永恒。他本性情中人，有幸得遇真心爱慕的女子，怎忍心让她擦肩。多日的踟蹰、思索，让他决意让爱做主。他要宠爱林徽因，为她收拾残局，用鲜花为她铺满一条路，给她人间四月天，给她完美的幸福。

日日书信，却无法缓解徐志摩对林徽因刻骨的相思。他开始像以往那般频频拜访林家，有时短暂的一个下午恍若沧海桑田。因了张幼仪的到来，林徽因更加谨慎，对徐志摩炽热的爱忍耐躲藏。

当徐志摩告知林徽因，他要和张幼仪离婚，愿和她执手白头。林徽因惶恐得不知所答，她既无法彻底拒绝徐志摩，又不能应允他的追求。这个一直明净如水的少女将自己陷于一段纠缠的感情中，难以自持。

徐志摩对林徽因的热烈让林长民有所察觉。他本是个阔达明朗的长辈，亦崇尚爱情自由，但他明知徐志摩是有家室之人，故不能看着女儿落入迷茫的感情里而受到伤害。他深知女儿太过年轻，尚不成熟，无法清醒地分辨内心的情感。

和有妇之夫相恋将会受到道德的谴责和批判，众人的流言碎

## 一一章
### 了断前缘

语会损伤她的名誉与清白。林徽因理想的伴侣应该是梁启超的长公子梁思成,而不该是徐志摩。尽管徐志摩的风采英姿、才情潇洒皆不输于梁思成,甚至胜于他,但他给不起林徽因现世的安稳,纯粹的幸福。

林长民和徐志摩是知己好友,他比谁都懂得徐志摩的性情,得遇如此绝色佳人,定然会纠缠到底。他忧心有一天他们之间会落到无法挽回的局面,那时再要回头,只怕太迟。无奈之下,他默默地做了提前回国的计划。他们的爱只是一场寂寞的花开,注定无果。

林徽因内心亦是百转千回,她足够清醒,也足够冷静。她无法让自己拼尽一切和徐志摩在康桥发生一段生死之恋。她不是一个懦弱的女子,她只是想让自己优雅矜持地活着,没有放纵,没有伤害,亦没有破碎。她做不到决绝,做不到招摇,更做不到凌厉。她给自己的,是希望,是温暖。

这一切徐志摩尚不知情,他依旧沉浸在康桥温柔的春风里,无法自拔。当他决意彻底摆脱张幼仪时,而她却怀有身孕。徐志摩得知妻子有孕,没有丝毫的惊喜,只觉烦躁不安,对着张幼仪冷冷地说:"把孩子打掉。"

简短的几个字，于张幼仪来说，却是刻骨惊心。她不知他竟会冷情至此，那时的她慌乱无主，却始终怯懦惶恐。她哀伤道："我听说有人因为打胎死掉的耶。"却换来徐志摩更无情的回答："还有人因为火车肇事死掉的呢，难道你看到人家不坐火车了吗？"

那一瞬间，张幼仪明白徐志摩心意已决，任何的理由和借口都不能将之牵绊。但是离婚，对这位旧式女子来说，太陌生，也太突然。她无法想象，结束这段婚姻，离开徐志摩，她该行至何处，去往何方，又该如何面对硖石的二老以及世人的纷乱之语。

徐志摩的决绝无情让张幼仪躲无可躲，避无可避。但她不敢，不敢轻易点头，她明知结局已然无法改变，却努力地拖延时间。那时，她心中的怕远胜过她对徐志摩的爱。几年来，她默默忍受他的冷漠以及离别，为他侍奉双亲，生养孩子，为他漂洋过海，换来的竟是如此残忍落败的下场。

原来，这些年她扮演的只是他人生中可有可无的角色，只是他人生中的一场意外。如今更是他的绊脚石，是他极力想要拔去的一根刺。她亦想成全他的心意，放他自由，却不知该如何自处。她极力隐忍内心的悲痛，试图挽留他的步履，希望他能够念

## 一一章
### 了断前缘

及夫妻情分，重新安排她的明天。

徐志摩转身走了，话已出口，他没打算回头。徐志摩将怀有身孕的张幼仪独自抛弃在他们租的屋舍里，不再问津。他就那么不告而别，全然不顾她一个独身女子在异国他乡孤独无依的悲凉处境。

徐志摩对张幼仪的确太过狠心，纵算他想和林徽因相依相守，地老天荒，亦不能将怀有身孕的妻子丢之角落，不管不顾。他对她可以无情，却不能不去承担他该负的责任。他可以不要她，却应该妥善地安顿好她的一切，让她不至于悲伤无主，流离失所。

"我的丈夫好像就这样不告而别了。他的衣服和洗漱用具统统留在家里，书本也摊在书桌上，从他最后一次坐在桌前以后就没碰过。"看似漫不经心的话语，却不知那时的张幼仪经受着怎样的折磨和慌乱，怎样的心酸和痛苦。

她日夜等待他的归来，盼着有一日他站到她的身边告诉她一切都过去了，他亦只是做了一场荒唐的梦。她会原谅他的一切，为他舐血疗伤，与他平凡相守。流年匆乱，她在无望的等待中慢慢醒悟，从恐惧中渐渐走出，让自己学会勇敢，尝试生活。

腹中的胎儿在长大，张幼仪被迫无奈，只好写信求助于二哥张君劢，告知她所遭遇的一切。在法国巴黎的张君劢自是担忧妹妹张幼仪的处境，写信给她，让她切勿打胎，放下诸事，前去巴黎。

打点行囊，尽管她心中还有不舍，尽管她还眷恋这个从未给过她丝毫温暖的小家，她甚至还留恋徐志摩残余的一点气息。但她必须离开，孤立无援的她需要一个依靠。她独自一人带着破碎的心去了巴黎，随即辗转到了德国。

张幼仪没有打掉孩子，她在柏林寻到安身之所，1922年生下次子，取名德生（小名彼得。——编者注）。经历人世冷暖悲欢，过尽沧桑的张幼仪，已经没有理由让自己怯弱。她再无闲暇去顾及自己的感情，去追逝自己的过往，作为一个母亲，她需要承担以后的风雨。

她原本只是一个旧式女子，她之心愿只是想守在深宅小院，侍奉公婆，相夫教子，过完平淡安稳的一生。但造化弄人，她所嫁之人不是凡夫，所以她也注定做不了凡妇。她的人生经历过水

## 一一章
### 了断前缘

复山重,只待柳暗花明之时。

该来的终究会来,逃离躲避都是徒劳。她心从容,已然无惧,纵是惧又能如何,唯有坦然相待。徐志摩来了,他不辞艰辛赶赴德国,不是为了安慰张幼仪,也不是为了见他刚来到人间的儿子。他的到来,只是为了斩断前缘,结束债约。

几年的夫妻情分,数日的风雨消磨,换来眼前的一张薄纸。徐志摩再也没有耐心等候了,他知道,再不彻底了结,他将永远失去林徽因。他害怕一场以命相许的情爱,最终寡淡散场。

张幼仪不再思索,亦无悲意,她在离婚协议上签了字。那一刻,如释重负的不仅是徐志摩,还有张幼仪。原来,爱一个人不只是默默隐忍,还有成全。成全别人,也是对自己的慈悲和宽厚。

拿到那纸离婚书,徐志摩跟随张幼仪去医院看了小彼得。"徐志摩把脸贴在窗玻璃上看得入迷。……却始终没问我要怎么养他,他要怎么活下去。"自小衣食无忧的徐家少爷又怎会真正知晓世间疾苦,况他当时心系情爱,更无意去关心张幼仪母子的将来。

心似双丝网,中有千千结。徐志摩和张幼仪纠缠不清的烦恼结总算是如愿以偿地解开了。为此,他还为张幼仪写下一首诗,这也是徐志摩唯一为她写的诗,一首解脱的诗,一首断情的诗,也是一首散场的诗。

他不知道他和林徽因那段千缠百绕的情结又该如何去解开,拿什么去解开。

### 笑解烦恼结(送幼仪)
### 徐志摩

一

这烦恼结,是谁家扭得水尖儿难透?
这千缕万缕烦恼结是谁家忍心机织?
这结里多少泪痕血迹,应化沉碧!
忠孝节义——咳,忠孝节义!谢你维系
四千年史髅不绝,
却不过把人道灵魂磨成粉屑,
黄海不潮,昆仑叹息,
四万万生灵,心死神灭,中原鬼泣!
咳,忠孝节义!

## 一一章
### 了断前缘

二

东方晓,到底明复出,
如今这盘糊涂账,
如何清结?

三

莫焦急,万事在人为,只消耐心
共解烦恼结。
虽严密,是结,总有丝缕可觅,
莫怨手指儿酸、眼珠儿倦,
可不是抬头已见,快努力!

四

如何!毕竟解散,烦恼难结,烦恼苦结。
来,如今放开容颜喜笑,握手相劳;
此去清风白日,自由道风景好。
听身后一片声欢,争道解散了结儿,
消除了烦恼!

## 第一二章

### 擦肩而过

> 独留他在伦敦的烟雨中惆怅难言,于康桥的河畔寻寻觅觅。佳人的倩影仿佛还在,转瞬物是人非。

日暮黄昏,灯火初上,窗外一树白玉兰旁若无人地绽放,那样不管不顾。它应季而来,不与人商量,仿佛一夜之间就花开满树。我对玉兰虽无多喜爱,却被它的坚定决绝瞬间震撼、惊心。

民国女子张爱玲曾这样形容白玉兰:"唯一的树木是高大的白玉兰,开着极大的花,像污秽的白手帕,又像废纸,抛在那里，被遗忘了，大白花一年开到头。从来没有那样邋邋丧气的花。"到底是张爱玲，她锋利清脆的文笔无人可及，无人能及。

该饮下几壶佳酿，生出多少故事，方可慰藉平生的遗憾，填补内心的落寞。人生风景各有千秋。你眼中妙不可言的山水，在别人那里或许只是一种简单的存在。你如珍似宝的人，或许只做你为其过河的石子。

女人如花，于不同人眼中，开出不一样的姿态。张幼仪在徐志摩心底也许只是旧庭深宅的一树木棉，朴素端庄却不够秀美多情。而林徽因，则是他梦中期待的白莲，是含露的芙蓉，让他甘愿用一生的时光去陪伴，去呵护。

当徐志摩和张幼仪的离婚通告在国内刊登出来时，掀起了惊涛骇浪。徐志摩成为中国近代离婚第一人。他始终认为，选择了却一段孽缘且勇敢地追求内心真正的爱情并没有过错。所以他不在乎别人的目光，更不屑外界的纷纷碎语。他庆幸自己终于摆脱了旧式婚姻的束缚，无论遭遇怎样的批判，他无悔亦无惧。

梁启超知道徐志摩离婚之事后，亦写信劝之，让他不要沉迷于梦境而陷入更深的泥淖，无法自拔。徐志摩理解恩师的良苦用心，但为了灵魂的自由洁净，为了追寻完美的爱情，他别无选择。

"我之甘冒世之不韪，竭全力以斗者，非特求免凶惨之苦痛，实求良心之安顿，求人格之确立，求灵魂之救度耳。"在他心里，高贵纯真的爱情足以抵销人间一切冷暖，弥补所有的过错、遗憾。

他们离婚的消息传至硖石老家，徐申如夫妇更是愤怒不已。他们顾及徐家的声名，痛斥儿子的冲动与任性，更心疼儿媳张幼仪的处境。可结局已然不可改变，再者徐志摩远在万里之遥，责备亦是徒劳。他们决定认张幼仪为寄女（干女儿。——编者注），并支持她在德国留学，按时寄给她数额颇丰的生活费。

此后，张幼仪从悲痛中走出来，收拾好破碎的心，进入德国裴斯塔洛齐学院，攻读幼儿教育。只怪命运多舛，三年后，她痛失爱子彼得。历此大劫，张幼仪什么都放下了，以后人生再遇多少灾难，她都一无所惧，泰然接受。

她辗转回国，侍奉徐家二老，教育长子阿欢。在张嘉璈的支持下出任上海女子商业储蓄银行副总裁，于静安寺路开了一家云裳服装公司,任该公司的总经理。她再不是那个怯弱无助的旧式女子,守着一茶一饭,乞讨丈夫的怜爱,惧怕流离。她可以妥善地安排与照料自己的人生,优雅高贵地活着,再无人可以轻易惊扰她的心情。

她甚至感恩,倘若没有徐志摩当初的无情离弃,她亦不知人间原来有更美的风景,更宽阔清澈的河山。唯有依靠自己,纵是遭遇风雨,亦能无惧无伤。她更加沉稳严谨,亦不计较徐志摩的过去,因为只有放下,不生执念,方能解脱。所有的纠缠、沉迷都是对自己的伤害,她已经伤不起,也不忍再伤。

时过境迁的张幼仪为从前那段沉重的生活打了一个比喻:"我是秋天的一把扇子,只用来驱赶吸血的蚊子。当蚊子咬伤了月亮的时候,主人将扇子撕碎了。"那一切不过是年轻时发生的故事,经历过了,也就淡了、散了。

解开缠绕于心中的烦恼结,徐志摩若不系之舟,披星戴月地赶赴他的约定,前往他魂牵梦往之所。他不顾身处德国的千疮百孔的张幼仪,也不顾襁褓中的幼子。他以为,他梦中的女神会伫立于康桥之上,痴痴地将他等待。以为喧烦无依的人间从此会多了一对神仙眷侣,得以双宿双栖。

爱是圣洁崇高的，爱也是朴素自然的。每个人爱的方式不同，有人爱得热烈痴狂，有人爱得理智清醒；有人不顾一切，亦有人冷静沉着。当徐志摩日夜兼程返回伦敦，康桥还在，只是梦中的女神早已不辞而别。

林徽因走了，早在几月前便随父亲林长民悄然回国。她也曾有过困顿迷惘，为了这段无知的感情，彷徨在康桥不舍离去。可最终，她在理智和情感中慢慢醒转，唯有舍弃徐志摩，以后的人生方能平静无波。

有些爱不是谁都要得起的。她不敢坦荡去面对徐志摩炽热的真情，唯有选择提前转身，让时间去修复、消解一切伤痛。生命里原本有太多的缺失和遗憾，许多时候放下比拥有更需要勇气。她做到了，她把情感藏于心底，将这段美好的记忆存放在康桥，轻松离去，不再回首。

她知道，徐志摩注定不会是她一生的归依，他只是以一个过客的身份，途经了她的时光，惊扰她的好梦，如今梦醒人散，当彼此成全，各自安排。她的世界尘埃落定，纵有落寞，亦不肯承认。她还是那朵自在安静的白莲，不沾烟火，不惹情爱，过往种种已是前生。

## 一二章
### 擦肩而过

她回到培华女中读书，依旧清丽脱俗，依旧风华绝代。她说："我情愿化成一片落叶，让风吹雨打到处飘零；或流云一朵，在澄蓝天，和大地再没有些牵连。"那时的林徽因想要擦掉所有痕迹，期盼徐志摩将她遗忘，从此再无瓜葛。

她安静接受命运的安排，比起徐志摩，梁思成或许不够倜傥风流，不够诗意浪漫，但他的学术和品格亦值得她信任和托付。徐志摩和梁思成之间，林徽因究竟爱谁多一些，又或许各得其心，各得其情。

但她割舍了徐志摩，选择了梁思成，她亦只是俗世女子，要一份安稳平凡的幸福。更何况她和梁思成有共同的事业和理想，夫唱妇随，相伴相依。再深刻的爱恋终抵不过平淡的流年，以为放不下的人，到底是放下了，哪怕心里疼了一遍又一遍。

多年后，林徽因表示，徐志摩爱的并不是真正的林徽因，而是他从诗人的浪漫情绪想象出来的林徽因，可她并不是他心目中所想的那样一个人。她是否是他心目中所想的那样一个人已然不重要。毕竟，她是理智而清醒的，她逃离了一切是非，置身恩怨之外，不被流言所伤。

独留他在伦敦的烟雨中惆怅难言,于康桥的河畔寻寻觅觅。佳人的倩影仿佛还在,转瞬物是人非。林徽因的骤然转身让徐志摩措手不及,可他又能责怪谁。他无法让自己对张幼仪负责,亦不能强求林徽因为他止步。人于情爱面前,那么柔弱渺小,那么不由自主,那么无所依求。

他得到了自由,失去了灵魂的伴侣。每日被落寞和孤独砸伤,多少次午夜梦回,忘不了的依旧是林徽因秀美的容颜、曼妙的身影。他试图走进康桥,用自然纯净的风景来疗伤,只是没有她的存在,再美的风景也黯然失色,寡淡无味。

垂柳依依,泛舟于康河,暖风柔波抚平不了他的寂寥,招摇的水草撩起他搁浅的忧伤。每日,他皆是形单影只于康桥徜徉,或划舟戏水,或漫步烟雨,或于阳光的树荫下看书,或静卧着看来去无心的流云。

人世风景匆匆游走,多少人到康桥来寻梦,于康河打捞过往遗失的记忆,可是又能寻到些什么,捞到些什么?如诗如画的康桥给得起徐志摩的,也不过是刹那灵感,一场尘梦。

# 第一三章

## 依从因果

> 原以为茫茫人海中寻到灵魂的伴侣,为其抛弃婚姻,放下学位,穿越千拦万阻的障碍,竟落得如此结局。

始终觉得,人世安稳,应该是有一处心灵的归依,守着一座庭院的花开,缓慢不惊地老去。世间缘来缘去,萍聚萍散,也只是顺应自然,依从因果。

明知一切早已散场落幕,他依旧独自一人走过春夏秋冬。一年时光,漫长亦短暂,空落又充实。他往返于康桥,不过是追忆一段逝去的爱恋，等待一个永远不会归来的人。他尽心尽意，只是为了无憾。

他爱慕的女子此刻在人间四月天，于轻灵的春光中依旧美丽娉婷。他用一年的时间来疗伤，去遗忘，可始终走不出情海波涛。红尘梦醒，不如归去，他思念林徽因，也思念一别经年的故里。

徐志摩从容地放弃英国剑桥大学的博士学位，名利对他一直无多诱惑。他可以抛却浮名，却放不下康桥，放不下情爱。这座古老沧桑的桥知心会意，给过他温暖的相逢，也给过他悲伤的离散。这座桥见证了他爱情的得失幻灭，给了他自由和浪漫，也伴他走过无数个孤独的暮暮朝朝。

他挥笔写下漫长的诗篇，《康桥再会吧》。满腹离愁化成水墨，萦绕着梦里的山河，迟迟不能消散。他舍不下康桥妩媚的风姿，更忘不了那灿若烟花的交集，只是时间再不给他任何机会，曾经执手相依的一对玉人成了擦肩而过的背影。

他知道，纵算他抛弃一切，林徽因也不会为他回首。承诺不过是一场虚无缥缈的风，云散之后又何必反复提起。更何况她从

## 一三章
## 依从因果

未对他应诺过什么,过往短暂的相聚早已随了康桥的滔滔逝水,一去不复返。

"我将于茫茫人海中访我唯一灵魂之伴侣;得之,我幸;不得,我命,如此而已。"看似遵照顺从命运的安排,实则蕴含了多少无奈,多少不尽人意。何曾有幸,他费尽心神于茫茫人海找寻到灵魂伴侣,又何其不幸,不曾真正拥有过,便天涯离散。

1922年秋,徐志摩打点行装,辞别康桥,乘上了名为三岛丸的日本客轮,开始一段漫长的回国之旅。游子思归,有着千古不变的情怀,孤独的远行,陪伴他的亦只有那轮时圆时缺的秋月。

辽阔的大海宽厚慈悲,送往迎来,岁岁年年。疲惫的旅途更添诗情,亦惹伤悲。他思念家乡的父母,更想念他梦了千百回的女神。他甚至期待,她会在遥远的彼岸将之等候,哪怕只是匆匆一聚,亦可抵销他数载飘零的孤苦。

他像一只倦飞的鸥鹭,历经二十多天的水上辗转,终于抵达上海。人潮熙攘的渡口,繁华林立的高楼,熟悉的草木尘埃以及阔别已久的音容,这一切让徐志摩心潮涌动。四年离别,一场尘梦,他不再是当初那个热血沸腾的少年,亦减了救助苍生之雄心。经受光阴的磨砺，岁月的冲洗，情感的波澜，他愈发成熟沉稳，亦更加儒雅俊朗。

硖石故里，江南小镇，徐府的庭园楼台，还是初时模样。只是祖母和双亲两鬓斑白，皱纹横生。稚子阿欢已有五岁之龄，遥想当年自己于家塾读书，一切恍若昨天，却遥不可及。枝上的蝉声在这清凉秋日低低鸣叫，只是再也听不见教书先生哼他的"清平乐府"。

他已才名显赫，尽管有违父母当年初衷。四年留洋海外，他虽放弃了博士学位，和父母喜爱的张幼仪离了婚，但徐申如看着久别重逢的爱子，关心多于责备。亲人平安，合家团聚，远比世间虚名浮利要珍贵得多。

短暂的相聚，继而又是久长的离别。人之情感有时不如旧物，你弃之不顾，它依旧年年守候。徐志摩应恩师梁启超之邀，去往东南大学任教，他亦想趁此时机继续同恩师研习学问。南京的生活简单亦枯涩，每日周而复始地讲学让他疲于参加朋友的宴请聚会。

偶有闲暇，独自漫步于这座六朝古都，于秦淮河畔追思古

## 一三章 依从因果

人。乌衣长巷,画桥烟柳,风景千年相似,这座皇城早已被温柔占据,只是无处寻觅秦淮八妓的影踪。梦里金陵,桨声灯影,让徐志摩想起了康桥,更想起了心中爱慕的红粉佳人。

这座金粉之都给得起他雅逸风流,却填满不了他内心的空落和相思。而此时,徐志摩收到梁启超长子梁思成的一封来信,梁思成受清华文学社成员梁实秋之托,邀请徐志摩赴清华大学文学社演讲。北京本是他魂思所往之地,今日竟有了从容前往的理由。

秋日北国有一种空旷寥廓、大气苍凉的美。天空湛蓝,秋风高爽,阳光照彻世间山河,平等无私。清华大学的小礼堂人声鼎沸,他们慕名而来,只为了等待那位剑桥归来的翩翩才子,一睹其风采和气度。

白净的面孔,修长的身材,着丝绸夹袍、一件小背心,风神骨俊,儒雅谦和。他的身上既有中国传统读书君子的典雅,又有留洋学子的潇洒。此次,徐志摩演讲的主题是《艺术和人生》。

徐志摩太过理想化,他按照牛津大学的方式,用流利的英文宣读。在场的众人虽钦佩这位剑桥学子的风采,却对用英语宣读的讲稿一知半解,以至于整场讲座没有期待中那般轻松有趣,甚至让人有些许失望。尽管这次演讲不够圆满,但这是徐志摩第一次在国人面前展示其诗人气质,亦为其回国后的艺术生涯掀开了美丽的序幕。

之后,徐志摩的名字,徐志摩的诗文,在中国文坛上有了属于他独自的舞台。世间名利虽如云烟,但于人间匆匆行走一场,若能留下些许痕迹,完成使命,亦无有不好。更何况此民国乱世,风日星月无须遮蔽,旷世才情亦不可埋没。

江山晚秋,采撷北京的红叶只为赠予绝代佳人。原以为,久别重逢,彼此会甜蜜喜悦。却不知,经历了光阴的流转,昨日一切早已荡然无存。他心意如初,不悔誓言约定,她静若秋水,再也不舍泛起些许涟漪。

她秀美风姿,佳颜绝色,更胜当年,只是少了一些腼腆羞涩,多了一份端庄明净。她从容以对,待他如挚友恩师,却全然不提康桥之事,仿佛昨天的一切从来都不曾发生。她一双如水的慧眼并不躲闪,只看着他,喜怒哀乐都是多余。

让徐志摩悲伤不已的不仅是林徽因对他的漠然,更是她与梁

## 一三章
### 依从因果

思成恋爱了。她可以彻底删除往事,将情爱交付另一个男人。原来那场康桥之恋都是他一厢情愿演绎的独角戏。他与她只是有幸擦肩,从来没有走进过她的人生,亦不能参与她将来的故事。

整整一年多的等待于瞬间化作幻影,不知该用什么来修复那颗支离破碎的心。原以为茫茫人海中寻到灵魂的伴侣,为其抛弃婚姻,放下学位,穿越千拦万阻的障碍,竟落得如此结局。

惨淡人生如何收场?从开始到今时,林徽因都不曾承诺过什么,她的转变亦不算负心。他连怪怨她的理由和借口都没有,看着她明净如春风的笑颜,绰约的风姿,徐志摩竟然对其还存有幻想,期待有一日她愿意回头,伴他烟火人间。

只是,当林徽因与徐志摩重逢之时,她真的将前尘过往一笔勾销了吗?又或许,她本是个坚定亦懦弱的女子,当初她不敢与有妇之夫的徐志摩相恋,如今更不愿承认她压制于内心深处的那份情感。

她想要清白纯粹地活着,不被草木所伤,不为世人所指。所以,她选择和梁思成相爱,选择远离是非恩怨。美国留学的顾毓琇曾说:"思成能赢得她的芳心,连我们这些同学都为之自豪,要知道她的慕求者之多有如过江之鲫，竞争可谓激烈非常。"

梁思成有幸赢得佳人欢心，不是因为他比徐志摩风流倜傥，而是因为他给得起林徽因想要的安稳幸福。她至纯至美，经不起疼痛和破碎。她宁愿平静一生，永远活在人间四月，亦不肯为谁经受命运徙转，过尽沧海桑田。

# 第一四章

## 人世诀别

> 那种生离死别之痛割心裂肺,世间无药石可医可治。过往美丽的辰光,唯在梦里方能寻见。人生纵是步步为营,事事周全,亦有弥补不了的遗憾和后悔。

春日江南多风多雨,无端惹人愁思。然草木柔韧,不惧风雨惊扰,那般理性自然,不用情动心,始终湿润干净。但凡落雨之时,我必生感触,仿佛唯哀怨方能解意释怀。脑中重复地浮现一幅画卷,一位着旗袍的素净女子撑一柄油纸伞,从民国的风雨中走来,徐徐缓缓,照影照心。

是前世的自己,还是走失的故人,又或只是烟雨中迷离的想象,皆不得而知。张爱玲与胡兰成相爱时,曾写道:"他一人坐在沙发上,房里有金粉金沙深埋的宁静,外面风雨淋漓,漫山遍野都是今天。"

像她这样不肯招惹恩怨,不怀古悲今,没有兴亡沧桑的女子也放不下情爱。相比,林徽因到底更冷静清明,她与徐志摩之间纵有千般不是,始终置身烟火之外,安静无争。她对徐志摩,以及后来的金岳霖,皆非无情,而是婉转含蓄。她不肯轻易用情,是因为她支付不起太多的美丽和真心。

佳人转身,独留他形单孤影留看北京的壮美山河。尽管如此,徐志摩依旧不肯放弃他渺小的心愿,忍住悲伤,和林徽因、梁思成为好友知交。无法安放的心灵唯有寄予诗歌,在文字中搁浅疲惫,倾诉忧伤。

之后,得梁启超先生的照料,徐志摩暂于北京松坡图书馆二馆工作,处理英文信件。古老的图书馆掩映在幽篁阵里,绿荫丛中,远离喧闹,寂静清宁。徐志摩试图让自己沉浸于书海,暂忘烦忧。这段时间,他一边安静修行,一边写字疗伤,他希望自己从狭小的感情世界里缓缓走出,去邂逅更多的人事,更多的

## 一四章
## 人世诀别

风物。

北京,这座文化之都,无论行至何处,都有历史,都有故事。那些知识分子时常邀约在一起,参加一场又一场的风云聚会,其盛况仿若当年王羲之举办的兰亭之会。茂林修竹,曲水流觞,魏晋人物,王谢风流。只是,兰亭还在,几多风流行客早已落入江山梦里,不问兴废。

徐志摩本倜傥风流,生性喜爱热闹,亦喜结识文友诗朋。慢慢地,他重新做回初时的自己,参与聚会,融入社交,于觥筹交错中寻到快乐,在书香茶烟中淡忘闲愁。他与梁启超、胡适、梁实秋、林长民等名人墨客频频相聚,研讨文学,畅谈人生,原本寂寞难挨的日子,竟仓促有趣地过去了。

他爱慕的女子依旧温柔秀丽,婉兮清扬。而他于文坛的声名亦是锋芒不尽。他不再迷茫失措,他愿化作一朵雪花,重新认清自己的方向。他愿从一场虚幻的爱情中走出来,接受岁月的洗礼,命运的眷顾。唯有痛过,方能放下解脱,唯有痴迷过,才能明心见性。

我用尽青春
　只为寻你

假如我是一朵雪花,
翩翩的在半空里潇洒,
我一定认清我的方向——
飞扬,飞扬,飞扬——
这地面上有我的方向。

不去那冷寞的幽谷,
不去那凄清的山麓,
也不上荒街去惆怅——
飞扬,飞扬,飞扬——
你看,我有我的方向!

在半空里娟娟的飞舞,
认明了那清幽的住处,
等着她来花园里探望——
飞扬,飞扬,飞扬——
啊,她身上有朱砂梅的清香!

那时我凭借我的身轻,
盈盈的,沾住了她的衣襟,
贴近她柔波似的心胸——

## 一四章
## 人世诀别

消溶，消溶，消溶——
溶入了她柔波似的心胸！

生老病死、离合悲欢为自然规律，不可避免。只道旧愁刚散，又添新忧。那日，他只觉心神不宁，预感有什么事将要发生。随即果真收到一封来自家乡的电报，内容为：祖母病危速回！

看罢电报，徐志摩自是心急如焚，他简单收拾行装便匆匆启程。一路上，多情善感的诗人泪落不止，回首祖母待他恩深似海，数年漂泊辗转，不曾承欢膝下，报她深恩。总以为，此生无论漂至何处，去往哪里，年迈的祖母会健康长寿，静守在古老小镇，将他等待。

他甚至从未担忧，祖母会在某一天真的离他而去。以为可以安然做一个自在的游子，无论何时归去，皆可以看到她。

当徐志摩赶至硖石故里，冷落的门庭更添萧索悲凉。病重的祖母卧于病榻上，面容苍白，消瘦憔悴，已不知人事。她不肯合眼，是为了等候孙儿归来，与之人世诀别。而后生命止息，脚踏莲花，从容离去，结束她此生漫长的修行。

那种生离死别之痛割心裂肺,世间无药石可医可治。过往美丽的辰光,唯在梦里方能寻见。人生纵是步步为营,事事周全,亦有弥补不了的遗憾和后悔。

"我的祖母,在那旧式的环境里,到我们家来五十九年,真像是做了长期的苦工,她何尝有一日的安闲,不必说子女的嫁娶,就是一家的柴米油盐,扫地抹桌,哪一件事不在八十岁老人早晚的心上!我的伯父快近六十岁了,但他的起居饮食,还差不多完全是祖母经管的,初出世的曾孙如其有些身热咳嗽,老太太晚上就睡不安稳;她爱我宠我的深情,更不是文学所能描写;她那深厚的慈荫,真是无所不包,无所不蔽。但她的身心即使劳碌了一生,她的报酬却在灵魂无上的平安;她的安慰就在她的儿女孙曾,只要我们能够步她的前例,各尽天定的责任,她在冥冥中也就永远地微笑了。"

他的祖母一生守候在硖石小镇,虽为富庶之家,却始终勤俭持家,过着俭约素朴的日子。经乱世不生离怨,历浮沉不言沧桑,只在老旧的庭院里平凡生养,安居乐业,将一生的青春、情爱皆付与那座古老村庄,任何时候都那般贞静安然,历灾难劫数亦从容走过。

## 一四章 人世诀别

浩浩民间有多少像徐志摩祖母这样传统勤俭的妇人，她们一生于烟火世俗中安静行走，守着简单的幸福，平凡亦伟大。历史的河流里没有她们的名姓，连故事都没有，死后葬于斜阳山川，随水成尘。

逝者已矣，带走了牵挂，却留下永不忘怀的记忆。徐志摩纵是悲恸不已，但很快从失落的情绪走出。他守孝期间邀约表兄沈叔薇等人去往杭州。一梦十年，风雨相关，多年前那位初到杭州府中求学的少年如今已是文坛上盛名远播的诗人。

西湖，这座美丽的湖泊千百年来坐落于古城杭州，伴它经历人世沧桑、历史变更，却永远明净无尘，风光无际。多少帝王将相、文人墨客，乃至贩夫走卒，皆被它的美丽征服，甘愿不远千里往返，只为一睹佳颜，与之许下山盟海誓。

当徐志摩漫步苏堤，泛舟西湖，于湖心亭静坐品茗，登雷峰塔观夕照，感叹白素贞和许仙那段断桥情缘，内心又该是怎样的感动和震撼。那时的他如何也想不到自己有一日会英年早逝，空留遗憾于人间。更想不到，多年以后他梦里钟情过的佳人林徽因会葬于这湖泊山川，与西湖做了永久的伴侣。

世间多少有情人将爱恋藏于西湖,只是被山水时光给淹没了,不为众生所知。我亦曾泛舟烟湖之上,愿走失在西湖的光影柔波里,忘却红尘归路。西湖只是一个寄存梦和爱的地方,梦里醒来,我们终究要做回初时的自己,度平凡自然、清淡无味的流年。

徐志摩拜访了在西湖烟霞洞养病的胡适,彼此把酒言欢,月下赏桂。光阴匆匆而过,唯自然山水、人间真情令人永远珍爱眷念。岂不知,胡适亦和曹诚英在烟霞洞过了数月神仙日子,成就一段佳话。

湖山有情,人更胜之。只是湖山静默千年,看往来众生,大爱无言。世人的情爱比及湖山草木,则太微薄渺小。这段杭州时光淡却了徐志摩内心的悲伤,滋养了他的性灵。之后,他挥洒笔墨,写下《西湖记》。

一段心事,寄予湖山,经唐历宋,岁序依然。

## 第一五章

### 飞鸟新月

> 故人重逢，如历沧海桑田。那些原本已经掩藏的前尘旧事，刹那间，如决堤之水汹涌而来，冲垮了他努力修筑的堤岸。

世间山水有相逢，有缘之人，哪怕隔国隔海，隐秘在山林荒径，亦能遇见。人生于世，当不为功名浮利所累，亦不惧丘壑波澜，用一颗纯净的心去看广阔世界，交挚友良朋。如此，便有爱可寄，有情可依，有梦可托。

我平生所愿则是碗茗清烟，赏花赏月，随缘喜乐。徐志摩此一生被风月惊扰，为情爱所困，又执着于诗文，潇洒风流，亦纠缠难舍。他的情不仅是爱情，还有友情。

徐志摩曾放弃学位，从美国赶往英国，只为寻找他崇拜的罗素。后因缘巧合，他得遇狄更生，再逢林徽因，亦有了康桥那段耐人寻味的故事。人世所有相逢都是前生埋下的伏笔，今世红尘有约，是为了续缘、续情，亦是为了灭缘、断爱。

泰戈尔，印度著名诗人、作家、社会活动家、哲学家和印度民族主义者。这样一个人物亦和徐志摩有过深刻的交集，有过温暖的相知。多少人在他的《飞鸟集》中放飞心灵，于《新月集》里寻觅花开。他说，让生如夏花之绚烂，死如秋叶之静美。

泰戈尔的诗风对中国现代文学有过重大的影响，感染了郭沫若、徐志摩、谢婉莹等一代文豪。他不是一个纯粹的诗人，他创立了一种人生哲学。他说："我的哲学像天际的云，能化成一阵时雨，同时也能染成五色彩霞，以装点天上的盛宴。"

为了加强中印两国文学艺术交流，泰戈尔受梁启超和林长民邀请前往中国讲学。当徐志摩得知泰戈尔应邀访华的消息时，自是欣喜若狂，并为泰戈尔此次中国之行做了充足的准备。更为幸

## 一五章
### 飞鸟新月

运的是,徐志摩被邀请作为泰戈尔的英文翻译。

徐志摩曾说:"我们所以加倍的欢迎泰戈尔来华,因为他那高超和谐的人格,可以给我们不可计量的慰安,可以开发我们原来淤塞的心灵泉源,可以指示我们努力的方向与标准,可以纠正现代狂放恣纵的反常行为,可以摩挚我们想见古人的忱心,可以消平我们过渡时期张皇的意气,可以使我们扩大同情与爱心,可以引导我们入完全的梦境。"

1924年春,万紫千红,莺飞草长,似要遮住人世所有的荒凉。上海汇山码头名流聚集,他们都是为了等候传说中的大文豪泰戈尔。徐志摩于人群之中见到那位仰慕已久的老人。他身穿棕色长袍,头戴红色软帽,银白胡须于风中飘动,向相迎的人群双手合十致意。

泰戈尔飘然淡泊的气度,那种不被功利浸染的纯净,令徐志摩深深折服。他的到来喧沸了整个中国文艺界。随后,泰戈尔稍事休歇,便在徐志摩等人的陪同下,游览龙华古寺,静赏翠柳桃红。

次日,为表达对文艺界各方人士的深情厚谊,泰戈尔在上海做了来华后的首次演讲。盆花绿植装点的室内,诗意且浪漫,全场座无虚席。诗人久闻杭州西湖风光,趁此讲学和游历之际,选择从上海下杭州,游览江南的湖光山色。

春日西湖碧波荡漾,一桃一柳,妙不可言。诗人泛舟,置身于山水之中,像一幅洇开的水墨画卷,美不胜收。听罢千年古刹灵隐寺的暮鼓晨钟,于佛前感受世间的缘起缘灭。为见证这场美丽的相逢,泰戈尔在灵隐寺做了《飞来峰》的演讲。

辞别杭州古城,一路向北,经六朝古都南京,又过济南,沿途赏阅大好河山的风光,亦重温书卷里的历史文明。辽阔的中华大地历经数千年的风雨沧桑,流转兴废,有无数可以探寻的风景和故事。况他们诗人情怀,难免生出怀古思今之感。

北京是泰戈尔此次神往之地,作为中国政治文化中心,北京自古是文人墨客汇聚之所。这座饱经历史变故的都城,无论何时都有其不可遮掩的高贵和王气。中国文化界诸多名流为迎接远道而来的大诗人齐聚一堂。

暮春时节,杨柳飞花,厚重的北国被葱茏的绿意覆盖,亦添了温婉与灵性。又或许,这座都城因为诗人的到来,不再那么盛

## 一五章
### 飞鸟新月

气凌人,亦消减了它的霸者之风。泰戈尔于北京的演讲更加频繁、丰富,他周旋于众人的热忱中,自是乐此不疲。

徐志摩和林徽因因泰戈尔的到来再次有了交集。泰戈尔的所有演讲,徐志摩必随左右。林徽因作为新月社的成员,又是林长民的掌上明珠,以她的才情风姿,负责接待泰戈尔的工作自是不可或缺。她被选任为泰戈尔于北京期间的副翻译,如此便与徐志摩朝暮相处。

故人重逢,如历沧海桑田。那些原本已经掩藏的前尘旧事,刹那间,如决堤之水汹涌而来,冲垮了他努力修筑的堤岸。苦苦压制的情感再度泛滥成灾,说不得,道不尽,更止不住。彼此对视的那个瞬间,过往残缺的碎片被拼凑成完美的画面,那么清晰,那么刻骨。

以为遗忘,原来只是搁浅在内心柔软的角落,不忍碰触,不敢碰触。那年的康桥已成昨日的风景,可佳人明明还在,风华不减,缘何有情不得圆满。她自是情有所依,良人相伴,甚至全然忘记伦敦的烟雨,康桥的柔波。他却情有独钟,为那场铭心爱恋受锥心刺骨之痛,依旧无法自拔。

北京天坛，京华知识界为泰戈尔举行了盛况空前的欢迎会，陪伴他左右的是徐志摩和林徽因。当他们三人立于会场时，令在座之人赞叹不已。曾有人言："林小姐（徽因）人艳如花，和老诗人挟臂而行，加上长袍白面，郊寒岛瘦的徐志摩，有如苍松竹梅的一幅三友图。"

时逢泰戈尔六十四岁生日，徐志摩和北京学术界的友人安排了一出别出心裁的寿宴。祝寿会上，演绎了泰戈尔名剧《齐德拉》。林徽因扮演公主齐德拉，张歆海饰演王子阿俊那，徐志摩则饰爱神。新月社的成员对泰戈尔的敬意，让这位不远千里而来的老人深深感动。

因了徐志摩的倜傥潇洒，林徽因的貌美如花，那时间的北京城文艺界纷纷说起了才子配佳人的闲话。他本多情才子，她亦佳人国色，但他们注定只是红尘陌上擦肩而过的路人，有交集，有纠缠，却不能双宿双栖。他们的缘分不多不少，不短不长，只能走这么远。

北京的初夏，繁花盛放到不可收拾之境地。人生聚散亦如这花开花谢。壮美河山、古老文明以及良朋知己，终究留不住诗人的匆匆步履。泰戈尔此次北京之行落下帷幕，他将去往山西太

## 一五章
### 飞鸟新月

原,此为他在中国的最后一站。

而林徽因亦在此时再次选择优雅地转身。她是他过尽人海想要携手一生的人,他却是她生命中的过客,是人生的一次转场。她告诉他,她将要和未婚夫梁思成去往美国,一同留学深造。此番一别,相隔迢遥山水,不知来日相逢何处,再遇何年。

才子有心,佳人无意。她走时从容洒脱,他的世界又是一番天崩地裂。她就是这样的女子,任何时候都让自己明净如水,不埋愁惹恨。她只愿自己是人间四月里的风,飘逸自如,不被人情所缚,不为世事惊扰。她不想自己卷入是非恩怨中,所以每一次她都要提前离开。

"我真不知道我要说的是什么话,我已经好几次提起笔来想写,但是每次总是写不成篇。这两日我的头脑只是昏沉沉的,开着眼闭着眼都只见大前晚模糊的凄清的月色,照着我们不愿意的车辆,迟迟地向荒野里退缩。离别!怎么的能叫人相信?我想着了就要发疯,这么多的丝,谁能割得断?我的眼前又黑了!"

万般不舍,亦无可奈何。更何况友人尚在,徐志摩不能让自己陷入悲伤而疏淡了泰戈尔。他重视和泰戈尔之间的情义,故一路陪伴老诗人走过万水千山。徐志摩和泰戈尔乘上去山西太原的火车，然后离开前往上海，后又东渡日本。他将遗憾抛掷在熟悉的风物里，又去和陌生的景致相认。

几番辗转，只做短暂地停留，徐志摩和泰戈尔便离开美丽的岛国日本。二人于香港挥泪而别，依依难舍，并约定来年于欧洲再次相会。几月的相伴相知让他们结下了深刻的友谊，亦成了彼此一生的珍惜。

道一声珍重，各自转身，你有你的归依，我有我的宿命。

## 第一六章
### 命里红颜

> 她是他命里路过的红颜,却不是他爱的归依。他不知道有那么一个人行将闯入他的生活,自此更改了他一生的剧情。

尘世间,无非一个你,无非一个我,可隔了茫茫人海,到底如何才得以执手相看?又或者,有缘得见,又能挨过多少年岁,几个春秋?三年,五载,或是十年,抑或仅仅只有几个朝夕,一夜幻梦。

有些人不如一生遥遥相望,彼此于心中留藏那份美好,不聚不散，不离不舍，不爱不怨。有些人相依相守，许下盟约，却抵不过如流岁月，放不下现世纠缠，最后落得花谢月闭，风烟人散。

徐志摩自问风流多情、潇洒不凡，可还不曾与谁真正红尘相爱一场。他和林徽因的情只是落花流水，有缘无分。林徽因走了，和已有婚约的梁思成如影随形，不离不弃。独留他守在这座空旷的城里，和无处安放的灵魂相伴神伤。

泰戈尔的诗歌燃起他内心炽热的情感，回首几年来的人生路程，悲欣交集。欣的是，得以漂洋过海，接受西方的教育和文化，更有幸结识那么多文豪名流。悲的是，情路坎坷多灾，原以为觅得灵魂伴侣，为之舍弃结发妻室，到头来只是一厢情愿，误人伤己。

直到后来，徐志摩幡然醒悟，林徽因只是他的惊鸿一瞥，是一次美丽的错过。之后，他们或许还会相逢，甚至交集，那亦只是作为一个故人，再不敢生出情爱之心。他要的是一场淋漓尽致的爱恋，是两个人可死可生的情，哪怕与天地世俗相争，哪怕倾尽此生一切。

## 一六章
### 命里红颜

这个人到底何在？上苍又是否会有心眷顾，用一段真情来弥补他的缺憾，平复他的悲凉？炎热盛夏焐不暖内心的寒凉。徐志摩选择暂时离开这座城，离开这里熟悉的气息，试图淡忘一切记忆。也许有一天归来之时，过往的一切原来只是别人的故事，而他再无可悲之处，亦无可想之人。

徐志摩去了庐山。他愿在竹林掩映的东林寺里寻求几许清凉，让慈悲的佛指引一个明净的方向，亦想在逶迤起伏的山峦看云飞月落，听松涛僧语，不再误入尘海，执迷于情。自古多少文人墨客登山攀岭，寻僧问道，于缥缈的云海中修炼，在苍老的崖柏旁坐禅。

奇峰险峻的五老峰，烟波浩渺的鄱阳湖，以及大自然中的草木山石、珍禽走兽，让他感受到生命的旺盛。在庐山休养期间，徐志摩每日观云赏月，听泉盛露，静坐品茗，沉醉在大自然神奇的美妙中，忘却烦忧。他将万千情怀寄予巍然青山、银河飞瀑，写进诗文，融于岁月。

山水草木是良药，也许不能彻底治愈伤痛，却可以抚平寂寥，让落满尘霜的心趋于清凉和淡泊。看云蒸霞蔚，壮丽山河，个人的情感是那么渺小，那么微不足道。那些攀附山岩琢石的工匠，那些沉沦在尘世里，为了生活而辛勤劳作的底层人员，让一贯养尊处优的徐志摩心生惭愧和同情。

每个人来到人间都有自己的使命，而徐志摩所能做的则是写更多的诗文，唤醒沉睡的灵魂。也许拯救不了芸芸众生，无法庇护天下寒士，至少可以净化他们的心灵。他亦不过是众生中的一粒尘埃，来来去去终究只是彼此的过客，做不了永远的停留。

打理好烦乱的心情，在云深雾霭中走出来，徐志摩没有一直沉浸于悲伤的理由。他离开了庐山，回到北京，继而担任北京大学的教授，并忙于新月社的社务。他希望让自己投入忙碌的工作，忘记纷繁的过往。

静下来的时候，独自穿梭在车水马龙的街市，或漫步于清凉的香山，这些熟悉的风景仿佛还遗留着她残余的气息，总在不经意的某个瞬间惹人神伤。幸与不幸皆是命定，既是早已看清结局，又何必再去苦苦追寻她远去的背影。

在徐志摩失落之时，有这么一位红颜知己闯入他的生活，伴他走过一段寂寥路程。她叫凌叔华，亦是民国世界一个才情不凡的女子。凌叔华生于北京的一个仕宦与书画世家，文采熠熠，其

## 一六章
## 命里红颜

画作更是灵秀隽永，淡雅传神。

凌叔华的人如同她的画，轻描淡写，风韵无穷。她是个生活于梦幻的诗人，亦是一位寄情于丹青的画者。她漫长的一生纵有坎坷，却也算得上平顺。她结缘徐志摩，钟情于陈西滢，和陆小曼亦是好友。

1924年，凌叔华在燕京大学英文系就读，行将毕业时，恰逢印度大诗人泰戈尔访华。她诚邀泰戈尔到家中做客，并因此结识了陪同在旁的徐志摩和陈西滢。不久，凌叔华在陈西滢主编的《现代评论》上发表了她的成名作《酒后》。二人因此相恋，1926年7月结秦晋之好，成就一段以画为媒的文坛佳话。

也许很多人都想知道徐志摩究竟有没有爱过凌叔华，又或者对她到底是怎样的一种感情。那时徐志摩情场失意，温和善良的凌叔华爱慕他的才情，视他为朋友。相处交流之后，彼此引为知音，而他们之间的情意亦一直如高山流水，那般清澈坦荡，无有嫌隙。

徐志摩认凌叔华为红颜知己，无论是情事，或是生活中的琐碎，以及家事，都与之倾诉。在她面前，他可以任意做自己，一切喜怒哀乐皆无须掩藏。多年来，那些不为人知的秘密，无处搁放的心情，以及千缠百结的过往，到如今总算有了依托。

徐志摩对凌叔华有一种莫名的信任和眷恋。虽非爱情，却一如野草恣意蔓延，不可控制。那段时间，徐志摩如着魔了一般，频繁与凌叔华通信，诉说内心的冷暖悲喜。他信中说："不想你竟是这样纯粹的慈善心肠，你肯答应常做我的'通信员'。用你恬静的谐趣或幽默来温润我居处的枯索，我唯有泥首！"

那时的凌叔华是徐志摩在黑暗中的一盏明亮的心灯，是他在茫茫人海中找寻到的一个故人，令他多年来的忧愁和疲惫得以缓解。徐志摩的信如同他的诗一般，浓墨重彩，深得化不开。他吐露的心事早已超出了寻常的友谊，又始终没有冲破情感的界线。

"说也怪，我的话匣子，对你是开定的了，管您有兴致听没有，我从没有说话像对你这样流利，我不信口才会长进这么快，这准是×教给我的，多谢你。我给旁人信也会写得顶长的，但总不自然，笔下不顺，心里也不自由，……对你不同，我不怕你，因为你懂得，你懂得因为你目力能穿过字面，这一来我的舌头就享受了真的解放，我有着那一点点小机灵就从心坎里一直灌进血脉，从肺管输到指尖，从指尖到笔尖，滴在白纸上就是黑字，顶

## 一六章
### 命里红颜

自然，也顶自由，这真是幸福。"

在凌叔华面前，徐志摩觉得自由，亦觉得幸福。因为他可以肆无忌惮地做纯粹的自己，不拘泥世俗，又不被情感所缚。他们频繁通信，徐志摩对之诉尽衷肠，却没能让这段感情延续为爱情。如此方有了彼此心中至死不渝的信任，以及那份无人取代的美好。

凌叔华曾说过："我对志摩向来没有动过感情，我的原因是很简单，我已计划同陈西滢结婚，小曼又是我的知己朋友。"彼时，凌叔华已有陈西滢热烈的追求，并与之相恋。而最为主要的原因，则是不久后陆小曼的出现令徐志摩将所有的目光和情感皆倾向于她，不留余地。

凌叔华自是佳人，亦甘愿默默做徐志摩的倾听者，但她人淡如菊，清远而朴素。比起陆小曼的明艳妖娆、绚丽多情，徐志摩更倾心迷醉于陆小曼的妩媚。他渴望多年的爱情应该是热烈华美、浪漫璀璨的。相爱之人当是不顾一切尘俗，誓要一起耳鬓厮磨，同生共死。

这样铭心刻骨的爱，林徽因给不起，凌叔华也给不起，而陆小曼却给得起，亦愿意给。任性骄傲、快意决绝的陆小曼甘愿为徐志摩丢城弃甲，视死如归。这世上，人和人不同，爱与爱亦不相同。陆小曼是那个值得徐志摩为之死生不顾的女子，她妖媚风情，她活色生香，她担得了堕落，也受得起清白。

多年以后，只要有人记起，在徐志摩的生命中曾有一个叫凌叔华的女子悄悄走过他的世界，便已足矣。至少，徐志摩把纯粹的情感、真诚的信任给了她。这份情，纵是林徽因和陆小曼，都无法企及。

她是他命里路过的红颜，却不是他爱的归依。他不知道有那么一个人行将闯入他的生活，自此更改了他一生的剧情。是因，是果，是对，是错，皆不畏惧，他要的只是一份生死相随的爱，一段地老天荒的情，一个白首与共的人。

## 第一七章

## 民国女子

> 有你喜爱的，也有你不喜爱的，她们在属于自己的世界里真实地活着，懦弱亦勇敢，柔软亦坚定，明净也忧伤。

民国女子万千，有风流灵巧的，有沉静温婉的；有妖娆风情的，也有孤僻冷傲的；有浮华招摇的，亦有清醒明澈的。她们都是开在民国岁月里的花，有雍容华贵的牡丹，有冷艳清绝的梅花，有幽静超然的兰草，也有淡雅灵秀的白莲。

她们的人生是一出华丽又悲凉的戏，纷乱乱登场，冷清清落幕。有你喜爱的，也有你不喜爱的，她们在属于自己的世界里真实地活着，懦弱亦勇敢，柔软亦坚定，明净也忧伤。我们只是看戏的人，带着冷暖交织的情绪，有感动，也有漠然。而若干年后，又会是谁来看我们演过的戏。

"人生得意须尽欢，莫使金樽空对月。"民国女子，唯陆小曼担得起尽欢二字。任何时候，任何境况，她都只做自己，恨不能将世间百媚千红过尽，生死离别尝遍，才肯罢休。她此一生只为自己而活，为心中的情爱而活，为烟火红尘而活，谁也别想试图去改变她。

陆小曼的干女儿何灵琰曾这样说过："有人说陆小曼实在算不得美人，年轻时清清瘦瘦，中年牙齿掉了也不去镶，十分憔悴。但是在记忆中，干娘是我这半生见过的女人中最美的一个。……但她却别具一种林下风致，淡雅灵秀，若以花草拟之，便是空谷幽兰，正是一位绝世诗人心目中的绝世佳人。……她从不刻意修饰，更不搔首弄姿。平日家居衣饰固然淡雅，但是出门也是十分随便。她的头发没有用火剪烫得乱七八糟，只是短短的直直的，像女学生一样，随意梳在耳后。……她很少用化妆品，但她皮肤莹白，只稍稍扑一点粉，便觉光艳照人。衣服总以素色居多，一双平底便鞋，一件毛背心，这便是名著一时，多少人倾

## 一七章
## 民国女子

倒的陆小曼。"

　　看过她所有遗留下来的照片，皆那般素雅淡然，有一种从未经世的纯净，又有一种繁华落尽的素朴。任何时候，她都把苦痛藏于心中，给世人以温和，以微笑。她仅需素衣淡颜，就足以夺尽民国所有繁华，群芳不敢与之相争。她不生哀怨，不生憎愤，人生只愿尽欢。她的美，不倾国倾城，却又惊天动地。

　　我当真喜爱这个女子，书香门第，美艳如花，能诗会画，舞姿倾城。她少女时期便惊艳于北京，倾倒众生，后又风情于上海，妩媚妖娆。她一生素雅端丽，无多修饰，装扮朴素，风致天然，可一颦一笑总是光艳照人，有着不可遮掩的妖气。

　　她分明朴素简静，淡雅若空谷幽兰，可骨子里却媚似海棠，娇懒奢华，放纵形骸。她分明才情高雅，写得一手漂亮的蝇头小楷，其山水画更是温婉清淡，飘逸迷蒙，可她偏生沉迷于夜上海的舞场，打牌、听戏、跳舞，甚至迷恋阿芙蓉，成天吞吐烟霞，醉死梦生。

　　她本佳人绝代，有宋人情态，明清风骨，高雅脱俗，却把最美的时光耗费在舞场里、烟榻上。落得容颜失色，美人迟暮，却依旧恣意沦陷，从无悔意。她本家境殷实，锦衣玉食，却挥霍无度，奢侈堕落，她捧戏子、包戏场、认干女儿，千金散尽，在所不惜。

她吃穿用度随心所欲，快意风流，爱热闹，喜应酬。她我行我素，凡事皆自作主张，不介意流言碎语，亦不在乎外界的诋毁谩骂。她的青春、时光、金钱，皆可以舍命挥霍，毫不疼惜。

她一生迷倒过无数男子，亦被诸多男子所爱，却只为一人动过真心，为他生死不惧，为他过尽沧海。她万绿丛中过，又片叶不沾身，她从不避嫌，和他们坦荡清白地相处，没有生情，更无背叛。

她是名动京师的舞会皇后，也是倾倒上海的交际花。她是才女佳人，不施粉黛，若兰草一般立于文坛画界。她又是一个戏子伶人，在喧闹的舞台上演绎一场爱憎分明的戏。她更是一位凡妇，出入五色红尘，烟火皆尝，可悲喜冷暖又样样不着于身。

她就是这样一道民国的风景，端然姿态，曼妙风华，又不为世所容。她一生鲜花着锦，又多灾多难，她享受过别人几生几世都不曾有过的荣华，亦遭受过无尽的凄凉和落魄。她曾风靡于世

## 一七章
### 民国女子

间每个角落，蛊惑众生，后妖气散尽，掩门遗世，绝尘而去，带走所有的芬芳。

当真只有这样的女子才配得起徐志摩那样热烈的爱。也只有这样的女子才敢舍弃一切去接受他的情。这个不折不扣的妖精用尽她所有的法术，只为了弥补一个诗人半生寻而不得的情感。她将此生所有的绚烂给了与他一同相处的五年时光，之后洗尽铅华，落魄至死。

换了任何一个人，都支付不起这样的情感。张幼仪为徐志摩默默付出一生，温暖不了他的心；林徽因那段浪漫诗意的康桥之恋，不能令他粉身碎骨。所以，唯有她，得徐志摩万千宠爱，纵是她奢靡过度，不懂自爱，和别的男人躺一张榻上吞云吐雾，他也一直纵容忍让。

他饮下那盏被施了妖法的毒酒，甘愿断肠心碎，万死不辞。这朵开在民国乱世的罂粟花，不正是徐志摩穷尽一生想要采摘的吗？她是他月影纱窗上那枝绝尘的梅，是他沉迷在物欲横流浊世里的妻。他们爱得迷乱，爱得彻底，爱得荒唐，也爱得锥心。他们的爱被世人指责谩骂，又让人不忍拆散，让人拱手成全。

陆小曼的惊鸿出世令一直陷在悲伤情绪里的徐志摩骤然苏醒，刹那情迷。据说，他们相识于一场舞会，一个貌美如花，一个风流才子。那时恰好陆小曼婚后不如意，日日在交际所消遣寂寞，而徐志摩得不到林徽因，始终郁郁寡欢。

又说，他们的情是因为一出叫《春香闹学》的戏。"（志摩）与小曼见过几面，老早就拜倒石榴裙下，某一次义务演剧，内有'春香闹学'一阕，志摩饰老学究，小曼饰丫环，曲终人散，彼此竟种下情苗。"

总之，他们同为天涯沦落人，有相见恨晚之感。那时徐志摩早已和张幼仪离婚，但陆小曼还是王赓的妻子。王赓亦是民国世界的风云人物，青年才俊，军界名流。他英武不凡，于官场平步青云，当年陆小曼韶华正好，受父母之命、媒妁之言和他成亲，对爱情尚懵懂不知。

"我是早已奉了父母之命媒妁之言同别人结婚了，虽然当时也痴长了十几岁的年龄，可是性灵的迷糊竟和稚童一般。婚后一年多才稍懂人事，明白两性的结合不是可以随便听凭别人安排的，在性情与思想上不能相谋而勉强结合是人世间最痛苦的一件事。"

## 一七章
### 民国女子

婚后乏味的生活,王赓的不解风情,让她失意困顿,郁闷至极。她所能做的则是每日去欢场喝酒跳舞,于人前风光,强颜欢笑。婚姻是牢笼,家是一座愁城,她做不了低眉顺目的女子,不听王赓的劝阻,日夜颠倒,喝茶听戏,跳舞嬉笑,千般招摇,任性妄为。

王赓要的是一个温顺体贴、知书达理的太太,陆小曼则要一个对她冷暖呵护、解她风情的男子。他们看似郎才女貌,琴瑟和鸣,却是错误的开始,纵算没有徐志摩的出现,以陆小曼的性情,她亦会亲自结束这段婚姻。只是徐志摩这缕多情的春风拂过了陆小曼柔软的心田,让她花开如意,此生只为他一人绽放,枯萎。

她说:"这样的生活一直到无意间认识了志摩,叫他那双放射神辉的眼睛照彻了我内心的肺腑,认明了我的隐痛,更用真挚的感情劝我不要再在骗人欺己中偷活,不要自己毁灭前程,他那种倾心相向的真情,才使我的生活转换了方向,而同时也就跌入了恋爱了。于是烦恼与痛苦,也跟着一起来。"

徐志摩和陆小曼的恋情,刹那间在民国世界掀起惊涛骇浪。他们又何尝不是相逢在错误的时间,那条情感之路必定是千劫百难。他们都不是彼此的最初恋人，她是军官太太，选择和徐志摩相恋相守，必要用尽一切办法割断前缘。

只是这个女子是如何逃出王赓为她修筑的坚固城墙，如何让军人气度的他为爱缴械投降。又或许，徐志摩根本不费一兵一卒，他对陆小曼的爱让王赓选择落败，甘愿成人之美，将爱妻拱手相让。

他们之间没有成败，亦无对错，只是为爱情难自禁，迫不得已。是聚是散，是生是死，都要感恩珍重，除了珍重，别无他法。

# 第一八章

## 一往而深

情场的战争没有弥漫的硝烟,却伤人入骨,痛人心肺,看似不费刀刃,却磨难重重,艰险异常。为了爱情,她不肯迁让,不低首言败。

"一生至少该有一次,为了某个人而忘了自己,不求有结果,不求同行,不求曾经拥有,甚至不求你爱我,只求在我最美的年华里,遇到你。"读罢就已明了,徐志摩是一个为爱一往而深的人。

席慕蓉亦写下:"如何让你遇见我,在我最美丽的时刻,为这我已在佛前,求了五百年。"每个人都期待在自己最美的年华遇见最爱的那个人,期待着在旺盛的青春里有一场刻骨铭心的爱恋。也许这个人未必能伴你山长水远,也许你们在一起的时间仅有一盏茶的光阴。但只要真心爱过,拥有过,便不负今世。

一入情海,死生茫茫。爱一个人的时候,草木也生情愫,虫蚁亦知心意。情场的战争没有弥漫的硝烟,却伤人入骨,痛人心肺,看似不费刀刃,却磨难重重,艰险异常。为了爱情,她不肯迁让,不低首言败。

王赓和徐志摩同为梁启超的爱徒,早有私交。王赓儒雅武人,掌控官场风云,素日忙于工作,怠慢佳人。徐志摩潇洒才子,风雅无边,每日吟诗拈句,往来名流会所。陆小曼贪玩,王赓公务繁忙,便让徐志摩作陪。他们心性相投,有如故知,一同读书写诗,游玩绘画,跳舞听戏,花前月下,不尽风流。

他说:"(她)一双眼睛也在说话,睛光里漾起,心泉的秘密。"就是这惊鸿一瞥,让他饮下那杯爱情的毒酒,肝肠寸断。原本只是别人的陪衬,竟不知入戏太深,无法自持。他是楼台月,她是湖畔风,彼此相望相知,互生爱慕,互相依附。

## 一八章
### 一往而深

徐志摩开始为陆小曼写下情深意浓的《爱眉小札》，亦开始了他们人生中纠缠不息的爱恋。徐志摩的一生看似春风得意，其实苦不堪言。虽生于富商之家，丰衣足食，又受过高等教育，留洋海外，风度翩然，才高倜傥，却为情爱所累，枝节横生。纵算后来得到灵魂伴侣，却南北奔波，以致酿成惨祸，英年早逝。

他此生就是为了还尽情债爱约，陆小曼是他躲不过的劫，遇见她之后，就再也回不到最初。"我爱你朴素，不爱你奢华，你穿上一件蓝布袍，你的眉目间就有一种特异的光彩，我看了心里就觉着不可名状的欢喜。朴素是真的高贵，你穿戴齐整的时候当然是好看，但那好看是寻常的，人人都认得的，素服时的眉有我独到的领略。"

爱上有夫之妇，徐志摩虽坦荡，亦觉磊落，内心却也凌乱不堪。但高贵甜蜜的爱让他无有怨悔，愿与之结下永生的缘分。"眉，只有你能给我心的平安，在你完全的蜜甜的高贵的爱里，我享受无上的心与灵的平安。"

在他们情意绵绵之时，王赓调任为哈尔滨警察厅长。陆小曼试图冷静处理这段情感，便随王赓去往哈尔滨。只是，习惯了酒醉灯迷的她怎么会甘愿守在北方那个没有风情的小城里和一个不爱的男人度日。她回到了北京，短暂的别离让她明白，她对徐志摩已是情根深种，自当义无反顾走向他。

随之而来的则是纷乱不尽的挣扎和折磨，烦乱与疲惫。他们天真地以为相爱是两个人的事，却不知人生还有责任和道义。他们的相恋为尘世所不容，一时间流言纷纷，二人遭遇无数的指责和谩骂。

徐志摩当年抛弃发妻张幼仪已被世人所指，如今爱上朋友之妻更是不应该。陆小曼一代名媛，风光无限，却背叛婚姻，被视作可耻。面对丈夫的责备、母亲的反对以及乱世浮言，多病柔弱的陆小曼亦是难以抉择。

"眉，我的诗魂的滋养全得靠你，你得抱着我的诗魂像抱亲孩子似的，他冷了你得给他穿，他饿了你得喂他食——有你的爱他就不愁饿不愁冻，有你的爱他就有命！"

徐志摩的深情厚爱让陆小曼没有转身逃离的理由。尽管如此，她孤身一人亦经不起满城风雨，难免心乱神伤。此时的徐志摩恰好收到泰戈尔的来信，说他身体欠佳，牵挂徐志摩，邀请他去欧洲。若是从前，徐志摩定然毫不犹豫赶去赴约，但如今陷入

## 一八章
### 一往而深

情爱，如何舍得下陆小曼。

徐志摩不想留她一人守在这座城里孤军奋战，陆小曼却深明大义，支持他游历欧洲，增长见识，亦希望让距离来丈量彼此的真心。临走时，陆小曼答应用日记的形式给徐志摩写信，诉说情意。

离别的站台没有欢笑，当陆小曼亲自送走徐志摩时，内心有种被剜去的虚空。王赓也在其间，她连痛哭都不能，想来唯有月光知心，却也只是平添惆怅。"我们最后的几分钟还是四面站满了人，月光多（都）落在我们身上，仿忽我们不应当这样的亲密似的。我心里一阵阵的酸，回想起来亦分不出甚么味儿。"

生离死别，经受过了才知道有多痛，有多真。若没有此番离别，他们或许亦不会有后来同生共死的勇气。亦是经历漫长的相思，陆小曼才敢于彻底和王赓决裂，斩断前缘，和徐志摩执手明天。

临行前，徐志摩将一个装有信笺、日记和陆小曼的两本日记的"八宝箱"托凌叔华保管，甚至还开玩笑说，若一去不复返，凌叔华可以凭箱子里的资料为其写传。可见，这尘世让他信任安心之人唯有凌叔华了。几年后，徐志摩遭遇不测，这个装载了许多秘密的"八宝箱"惹来不少风波。

欧洲之行舟车劳顿，餐风饮露，虽邂逅了风物人情，到底孤独凄清。漫无边际的思念，在夜色深茫时悄悄来袭，痛入心骨。他将心事寄之书信、日记、诗歌，而陆小曼在遥远的中国亦为相思所煎熬，为之深情款款，遭受家人监管，病体折磨。

人生当真是祸福相依，在徐志摩游历之际，原本想去柏林探望张幼仪母子，没承想竟然收到幼子彼得丧生的噩耗。"可怜不幸的母亲，三岁的小孩子只剩了一撒冷灰，一周前死的。她今天挂着两行眼泪等我，好不凄惨；只要早一周到，还可见着可爱的小脸儿，一面也不得见，这是哪里说起？"

愧疚、自责胜过了悲痛，身为人父的他对幼子彼得从未有过关爱。自和张幼仪离婚之后，徐志摩便再不曾见过彼得，此番相逢已是天人永隔，无以复加的遗憾令他撕心裂肺。

徐志摩陪伴在张幼仪身边，安慰这个可怜不幸的母亲。看着这个饱经风霜的女子，内心亦是惭愧难安，若不是他的自私任性，或许她还是当年那个和顺的女子，偏安一隅，过着幸福的日子。物是人非，他们再也回不到从前，只有努力过好当下，不惧风雨将来。

## 一八章
### 一往而深

打理好烦乱的心情,徐志摩又开始他的旅途奔波。沿途去往伦敦、佛罗伦萨、巴黎等地,有熟悉的风景,也发生了陌生的故事。当初为了罗素赶往伦敦,如今故人重逢,又是一番滋味。

康桥还在,只是他们的人生都换了主角,过往的水畔丽人偎依在别人的身旁,而他亦开始了另一段尘缘。他将所有的情感都记述于《爱眉小札》。游罢万水千山,他想要的始终是心灵的归依,情感的归宿。那时的徐志摩只有一个心愿,则是和那个叫陆小曼的女子红尘相守,白头到老。

他不知陆小曼正在为这段情感付出怎样的代价。她成日被母亲劝阻,和丈夫吵闹,被世人逼迫,以致突发心跳过速住进医院。她几度昏迷,病情凶险,她拿性命来争,来闹,却孤独而败。

她愿为爱粉身碎骨,却受不了他们频频相逼。当徐志摩收到陆小曼要与之诀别的电报,再也无心游历,匆匆回国。他知道,他再也经受不起擦肩,他要和她携手作战,共同去获取人世幸福。

一生至少该有一次,为了某个人而忘了自己。是的,纵算忘了自己,也要记住她。

# 第一九章
## 终成眷侣

> 人世间再没有任何人、任何事可以拆散他们，亦无须再对谁委曲求全，更无意流言蜚语。纵然得不到众人的祝福，也终是感恩。

佛说人有八苦，即生、老、病、死、恩爱别离、求不得、怨憎会、忧悲。唯有身心放空，方能人离难，难离身，一切灾殃化为尘。

"鱼沉雁杳天涯路，始信人间别离苦。"半年之久的别离，非但没有减去相思，反添情愫。徐志摩回到北京，故景故情，内

## 一九章
### 终成眷侣

心感慨万千。北京的王气不及街巷的烟火味真实安心。他心所愿，则是和爱人执手，远离喧闹，去往清平世界。

佳人明明就在眼前，再相见却隔了万水千山。陆小曼的母亲吴曼华再三阻拦，让他们再不能自由携手，来往随心。几番周折，方有了单独相处的机会，来不及细诉衷肠，又要仓促离去。

他们在等待机遇，准备与世俗争夺，和命运较量。陆小曼经不住王赓地催迫，和母亲前往上海。不久，徐志摩追踪而至。尽管他们之间始终存在阻拦和羁绊，至少同在一座城市，望着同一片星空，温柔月色下还可以呼吸相闻，共许山盟海誓。

上海这座城成了陆小曼今生最后的归依，她在这座城里享尽繁华，枯萎老去。他们的故事亦是在上海真正开始演绎，从鼎盛到残破。他们不想成为传奇，可这座城市本身就是传奇。

陆小曼下定决心要和王赓离婚，迫不及待，忍无可忍。徐志摩找胡适商量，胡适又托小曼的绘画老师刘海粟出良策。刘海粟本为性情中人，加之一直欣赏陆小曼的才情文品，对他们这段爱情生出恻隐之心，故在上海功德林安排了一场宴会。

正是这场宴会动摇了王赓的决心，让他不再纠缠，不再坚持。刘海粟在宴席上慷慨陈词，反对封建婚姻，祝福有情人终成眷属。王赓又岂会不知他意，多日来的折磨让彼此都心力交瘁，他不想累人累己，有些爱是放手，更是成全。

王赓知道，纵算他苦苦挽留，亦不会有丝毫转机。经历婚变之后的他也更加清醒，更加明澈。他说："爱情是人类最崇高的感情活动，它是纯洁而美好的，并不带有半点功利俗念，也不等于相爱必须占有。真正的爱情应以利他为目的，只讲无私奉献，不求索取。既爱其人，便应以对方的幸福为幸福。我是爱陆小曼的，既然她认为和我离开后能觅得更充分的幸福，那么，我又何乐而不为？又何必为此耿耿于怀呢？"

原来，世人眼中的儒雅武人并非不懂爱，只是他的爱太沉寂孤闷，不适合张扬的陆小曼。这个男人默默退出这场情战，又默默地等候，或许她有一天倦了、累了，还会回头。可陆小曼的人生是决绝骄傲的，无论哪种境况，她都不会转身。

爱情不是虚无缥缈的，他们真实地拥有着彼此。应好友陈博生和黄子美之邀，徐志摩担任了《晨报副刊》的编辑，开始了一段他于文坛的辉煌时光。

## 一九章
### 终成眷侣

多年的笔墨耕耘,让他寻到了一处得以尽情泼墨之地。他坦承道:"但我自问我决不是一个会投机的主笔,迎合群众心理,我是不来的,谀附言论界的权威者我是不来的,取媚社会的愚暗与褊浅我是不来的;我来只认识我自己,只知对我自己负责任,我不愿意说的话你逼我求我我都不说的,我要说的话你逼我求我我都不能不说的:我来就是个全权的记者……"

那段时日,徐志摩重新醉心于文字,他的文风受到众人的争相模仿。《晨报副刊》也因为徐志摩显赫的才情重新有了活力和生机。多少文人凭借报刊畅意淋漓地挥洒笔墨,各抒己见,各释情怀。

于一个文人诗客来说,那应该是一段绚烂华美的光阴。一切尘埃落定,爱情弥补了他人生所有的缺憾,而文字更平复了他过往的伤痂。他做真实从容的自己,与爱人相依,和文字相知,温暖满足,幸福美好。

之后,徐志摩又创办了《诗镌》和《剧刊》。他是一个幸运的诗人,挥舞着他优雅多情的笔,书写人世的绮丽和至美,亦吟咏他内心滔滔不尽的情感。文字多么美丽生动,可寄闲愁,可诉离殇,可描欢乐,可抒情爱。

只是,任你有生花妙笔,可以抒写岁月山河、风流时序,可以描摹别人的故事悲欢,却更改不了自己的命运。文者多思多愁,更比寻常人清醒明澈,却多是看得透,放不下。纵算不为名利所拘,终还是为情爱所困。

陆小曼说动了母亲,徐志摩亦费尽唇舌说服了固执的父母。其父徐申如对徐志摩种种叛逆之举甚为恼怒,他虽不曾见过陆小曼,但他得知徐志摩要娶一个离过婚的女人,只觉有辱家门。在徐申如心里,只有张幼仪配得起端庄贤惠,也只有张幼仪能给徐志摩带来安定,让他幸福。

徐申如要求他们的婚事得张幼仪亲口应允,方能作数。为此,远在国外的张幼仪收到信函匆匆回国。关于徐志摩和陆小曼的情事,张幼仪早有耳闻,她心中无恨无怨。她自知人生辛苦,更况她和徐志摩早已是陌路,又何必拿自己的伤去为难别人。

慈悲和宽容是人生最美的修行。这些年,她遭遇了太多的变故,已学会从风雨中走出。当她见到陆小曼之时,似乎在刹那间明白为何徐志摩会为这个女人生死不顾。她的美艳,她的纯粹,她的风情,她的热烈,是徐志摩割舍不尽的依恋。真正的爱情是两颗心紧紧交融在一起,你中有我,我中有你,唯愿天荒地老。

## 一九章
## 终成眷侣

张幼仪的认可让徐申如答应了徐志摩和陆小曼的婚事。但提出了三个要求：结婚费用自理，家里不负担；婚礼由胡适做介绍人，梁启超证婚；婚后必须南归，安分守己过日子。

经历了一年多的周折、磨难，他们总算可以如愿以偿，相爱相守。人世间再没有任何人、任何事可以拆散他们，亦无须再对谁委曲求全，更无惹流言蜚语。纵然得不到众人的祝福，也终是感恩。

农历七月初七，乞巧节，北海董事会，陆小曼和徐志摩在此举行订婚仪式。礼堂内宾客如云，才子名媛，喧闹沸腾。他们之中有真心送上祝福的，也有暗地里讥讽嘲笑的。人生百相，世事难全，陆徐二人早已厌倦纷扰，只求相依，只要幸福。

结婚时，恩师梁启超做了他们的证婚人，但他尖锐的证词，当真是毫不留情。"徐志摩，你这个人性情浮躁，所以在学问方面没有成就。你这个人用情不专，以致离婚再娶。……你们都是离过婚，又重新结婚的，都是过来人！这全是由于用情不专，以后要痛自悔悟，……祝你们这次是最后一次结婚！"

如此别开生面的证词震惊了在场的宾客，也让徐志摩和陆小曼羞愧难当。梁启超不喜欢陆小曼，他觉得她不够贤良淑德，他喜欢温顺传统的女性。他甚至认为，徐志摩和陆小曼在一起，将陷于灭顶之灾，必受其害，唯有远离陆小曼，徐志摩的人生才会有更璀璨的天空。

但他们将彼此的手握得更紧，因为这条路他们走得太艰辛，太不易。今日之后，自此掩门，守着彼此，听风听风，看山看水，看月亮看书。世界是自己的，与别人无关，幸福亦是自己的，别人承担不了，亦享受不到。

时光静美，江山秋浓，徐志摩和陆小曼如愿以偿地相守。可见，相爱之人只要坚贞守候，终会修得正果。此后，徐志摩辞去了《晨报副刊》编辑一职，徐陆二人效仿范蠡和西施，抛却浮名，双双泛舟太湖，寄情山水。

徐志摩和陆小曼不是隐逸太湖，而是去往硖石小镇，那座美丽的江南梦乡。唯愿，一心伺候故园花草，做一对人间仙侣，不理世事，不争朝夕。

## 第二十章
### 草木香远

> 他们曾经那么相爱，隔了山南水北，人海茫茫，到底携手相牵。人世徙转，河山一梦，所寻所求的亦只是和相爱的人真心厮守，共度深稳流年。

才道春来春已半，光阴恍若云水，匆匆催急。于窗下打个盹，便轻易地错过了花期，苦短人生，经得起几度消磨。趁年华还未完全老去，不如提前放下，划一叶倦舟归去，回到故园，喝几碗新茶，看一场花事，也算是不负此生。

"看满目兴亡真惨凄，笑吴是何人越是谁？"当年范蠡功成身退，看罢江山兴废，无意功名，洒然离去。他放下一切，唯带走了绝代佳人西施，自此于太湖之畔做一对平凡夫妻。烟波泛舟，柳畔垂钓，看日出日落，细水长流。

他们曾经那么相爱，隔了山南水北，人海茫茫，到底携手相牵。人世徙转，河山一梦，所寻所求的亦只是和相爱的人真心厮守，共度深稳流年。徐志摩和陆小曼就这样过了几个月神仙日子，尽管简短仓促，终是无悔。

陆小曼在《爱眉小札》的序里写过："以后日子中我们的快乐就别提了；我们从此走入了天国，踏进了乐园。一年后在北京结婚，一同回到家乡，度了几个月神仙般的生活。过了不久因为兵灾搬到上海来，在上海受了几月的煎熬我就染上一身病；后来的几年中就无日不同药炉做伴；连摩也得不着半点的安慰，至今想来我是最对他不起的。"

江南古老小镇诗意柔情，婉约如画。这是徐志摩的故乡，这里承载了童年太多美好的记忆和故事。庭院里的青砖黛瓦、曲榭楼台、草木亭廊皆有他走过的痕迹，遗落的背影。那株历尽风霜的古树年年依旧，送罢故人，又迎新客。

## 二十章
## 草木香远

风情雅致的陆小曼对这个小镇亦是一见倾心。她这样的女子,爱慕繁华都市的烈火烹油,也向往古朴小镇的清远宁静。她内心物欲横生,又如诗如画。如若可以,她真的愿意舍弃荣华,和徐志摩栖息在这座小镇,安身立命,执手一生。

为了取悦公婆,陆小曼特意穿戴典雅,朴素大方。徐申如虽不喜陆小曼,但见她眉目清朗,气质出众,举手投足皆有大家闺秀之神韵,对她的偏见自是减少了些。毕竟眼前这个女人已经是徐家的儿媳妇,是要与他儿子携手一生的伴侣。

虽怪怨徐志摩的作为,又打心里不愿接受陆小曼,但以徐申如在硖石的威望和富庶,他还是为他们修筑了一座中西合璧式的二层楼婚房。徐志摩曾提到过新居之事:"新屋更须月许方可落成,已决安置冷热水管。楼上下房共二十余间,有浴室二。我等已派定东屋,背连浴室,甚符理想。……眉眉爱光,新床左右,尤不可无点缀也。此屋尚费商量,因旧屋前进正挡前门,今想一律拆去,门前五开间,一律作为草地,杂种花木,方可像样。惜我爱卿不在,否则即可相偕着手布置矣,岂不美妙。楼后有屋顶露台,远瞰东西山景,颇亦不恶。不料辗转结果,我父乃为我眉营此香巢;无此固无以寓此娇燕,言念不禁莞尔。"

徐申如没有怠慢陆小曼，对她的爱护也算是做到仁至义尽。从此，徐志摩和陆小曼就住进了这座恍若世外的桃源，郎情妾意，一如人间仙侣。过往的恩怨情仇、烦恼挣扎，以及尘世的风言碎语，如同前生之事，不留踪影。

徐志摩用他诗意之笔写下了当时如梦的生活。"我的小园庭，有时荡漾着无限温柔：善笑的藤娘，祖酥怀任团团的柿掌绸缪，百尺的槐翁，在微风中俯身将棠姑抱搂，黄狗在篱边，守候睡熟的珀儿，它的小友，小雀儿新制求婚的艳曲，在媚唱无休——"

一卷烟，一片山，一座桥，一丛竹。才子佳人，栽花植草，吟诗作画，看云起日落，此生何求。唯一让陆小曼心存遗憾的是，当时为了和徐志摩相守，在她与王赓离婚前夕，怀有身孕的她选择流产。然而，失败的手术让原本病弱的她永远失去了做母亲的机会。

为了这场爱，她付出了惨痛的代价，徐志摩自此对她更是万般怜惜，无比宠爱。陆小曼心里一直很喜欢孩子，在冷清之时经常感叹："摩，到底还是有孩子的好。冷清时解解闷，比甚么都好，我真后悔……"

## 二十章
### 草木香远

其实,以她的性情,就算重来一次,她依旧会选择断绝一切,义无反顾走向徐志摩。她得到了爱情,缺失了另一种幸福,她的人生注定不能完美。因为无法生育,徐志摩和陆小曼认了好几个干女儿,以此排遣寂寞。徐志摩疼她、怜她,对她所做之事一味恩宠着,倾尽所有只为见她欢颜。

赌书泼茶,只道寻常。李清照《金石录后叙》记载:"余性偶强记,每饭罢,坐归来堂,烹茶,指堆积书史,言某事在某书、某卷、第几页、第几行,以中否,角胜负,为饮茶先后。中,即举杯大笑,至茶倾覆怀中,反不得饮而起,甘心老是乡矣。"

李清照和赵明诚,夫妻二人琴瑟和鸣,恩爱缠绵。而徐志摩与陆小曼,亦在自然草木中,在飘香的翰墨里,找寻到一份与世不争的古雅宁静。淡远清幽之境,让徐志摩的文字愈发灵动深情,他盼着流年止步,如此方能与爱人安守更多静美时光。

原本喜爱热闹的陆小曼也静了心,每日睡到中午方起,饭后在和暖的阳光下休憩。他为她裁纸研墨,她画漫漫山河,江南烟雨,他为其题诗著句,情意深绵。她多病之身,懒散静养,他端茶试药,软语温存。

他盼着安住下来,也不生游历欧洲之心,更不想漂泊四海。他放下名利,只和心爱的女子过草青人远、一流冷涧的日子。她愿此生留守于此,再不羡世上浮华,亦无意上海的迷离灯火,就安心做个凡妇,享受丈夫的温柔宠爱,痴迷于庭园的烟桃雨柳,拖着慵懒的病体和药炉做伴,与清风闲话。

后来,徐申如夫妇看不惯徐志摩对陆小曼的恩宠迁让,收拾行囊去北京找张幼仪过日子。偌大的徐府,雅致的眉轩,由他们做主,倒也自在。他们只愿做磔石的主人,而不是擦肩的过客,所以珍惜着这寂静的幸福,安稳的现世。

"我正因为珍视我这几世修来的幸运,从苦恼的人生中挣出了头,比做一品官,发百万财,乃至身后上天堂,都来得宝贵,我如何能噤默。"

人生至苦,几世的修行仅换得几月的安宁。于他来说,是幸运,是恩赐,是一生的珍惜。徐志摩此生追求的是爱、自由和美。他要的都得到了,他预支的也要偿还。

倘若不是那场该死的战争,徐志摩和陆小曼还沉浸在小镇姹紫嫣红的花事中逍遥度岁。民国乱世,何来真正的桃源,安稳的

## 二十章
### 草木香远

日子被战火硝烟粉碎。徐志摩被迫携陆小曼离开硖石,结束悠闲的生活,去往繁华喧嚣的大上海。

兵荒马乱让人心生迷茫,不知该何去何从。况陆小曼旧疾发作,带病逃难更添辛苦。人世间的战争、疾病、纷扰、悲欢,没有谁能幸免。原本庄严秀丽的江山,也被烟火浸染,于残照中,流离败落。

徐志摩在写给胡适的信中说:"我们婚后头两个月在一个村镇中度过,既宁静又快乐;可是我们现在却混在上海的难民中间了,这都是拜这场象野火乱烧的内战之赐。敝省浙江一直是战乱不侵的,使其他地方的人羡慕不已,但看来这一次也不能幸免了。"

江山成败与百姓无关,灾难和忧患却那么真。大上海,那座不夜城,依旧岁月不惊,歌舞升平,仿佛世间欢乐喜气都寄存在那儿,等着人来,等着人散。

# 第二一章
## 海上花开

> 她正当锦绣年华,置身于上海滩,艳冠群芳,得一人爱护,浮生尽欢。他飘零半世,抱得美人,待她如珍似玉,不舍半点委屈、苦难落于她身。

乱世飘零,反者四起,自古世运兴衰皆有天数。江山跌宕起落,民间纷乱沉浮,亦只是喧闹一时,后来都成了渔樵闲话。人生就是从悲苦磨难中熬出一些欢乐,于冷暖离合间寻找一点幸福。

为寻安身之所,他们在匆乱中找了一家普通客栈暂住下来。

## 二一章
### 海上花开

可是病弱的陆小曼经不起折腾，一直不得安好。为了舒泰一些，徐志摩带着陆小曼搬到宋春舫家中。再后来，几度迁徙，总算住进了法租界福熙路一幢三层小洋楼里，尘埃落定。

洋楼雅致，却也奢华，红木家具，古玩字画，奇花异草，摆设齐全。徐志摩甚为不喜大上海的繁喧，陆小曼却在十里洋场如鱼得水，把索然无味的日子过得活色生香。后来，这座洋楼成了陆小曼的深官后院，她在这里会客设宴，打牌跳舞，唱戏听曲，抽烟煮药，日子错综复杂，却又井然有序。

这座浮华的城，因为陆小曼以及一个叫唐瑛的女子，更加华丽多彩。她太奢侈无度，任意妄为，家里仆人众多，司机、厨师、男仆、贴身丫头、老妈子面面俱全。她太铺张浪费，包剧院、夜总会等娱乐场所，光顾豪华赌场。凡是喜欢的，无论是否需要，从不问价格，皆买回家，纵意享受。

她懒散贪玩，游戏人生，每天过午起床，一番洗弄打扮，饭后作画会客，晚上则像个交际花似的于人群中周旋，跳舞、打牌，不亦乐乎。她时而像个病西施，卧病床榻，温存软语，不胜娇媚；时而翩然多姿，惊艳四座，徜徉于舞会戏院，鲜花锦簇。

徐志摩为求生计，在上海光华大学、东吴大学、大夏大学几所学校任教，以负担家里昂贵的开支。忙碌的工作，冗繁的生活，让他每日穿梭于人群之中，疲惫不堪。尽管如此，他所挣取的银钱始终不够陆小曼的用度。夜里挑灯，他伏案写作，只为挣得稿费，供小曼享乐。

以往诗情画意的仙客才子如今为金钱伤身愁闷，可他却无怨言，对妻子关怀备至，宠爱万千，凡是陆小曼想要的，他皆如数供给。奔走于烟火世俗，他们在一起的曼妙时日越发简短，甚至连一起吃茶、说情话的光阴都没有。

陆小曼贪吃，徐志摩为宠娇妻，四处为她搜集美食，家里罐头、火腿、茶叶、水果数不胜数。在徐志摩眼中，妻子贪吃都是一种姿态，艳丽娇媚，惹他眷爱。她我行我素，骄纵奢侈，不管不顾地做她自己，仿佛要在顷刻将世间繁华过尽，虚幻如梦，又真实可贵。

陆小曼喜交朋友，家里时常宾客如云，胡适、江小鹣、邵洵美、张歆海夫妇，以及后来结识的翁瑞午，数人相聚一处，闲聊玩乐。徐志摩原本亦爱热闹，文友云集，研诗论文，茶烟漫漫，悠闲安好，可为了恩宠妻子，只好往返于课堂，在纷繁中匆匆送

## 二一章
### 海上花开

走珍贵的时光。

她正当锦绣年华,置身于上海滩,艳冠群芳,得一人爱护,浮生尽欢。他飘零半世,抱得美人,待她如珍似玉,不舍半点委屈、苦难落于她身。她就是受不了诱惑,爱慕荣华,贪恋享乐,世上万物皆好,皆喜,皆入她心。他唯有倾尽一切,为她落于俗流,鞠躬尽瘁。

他爱她的娇媚妖娆,也爱她的朴素简净。尽管在诗人内心深处,始终有着浪漫素雅的情怀,愿和所爱之人守着高院洋楼,种花栽花,煮咖啡,听古曲,写诗作画,甚至镜前描眉。他梦中期待的爱情应该是彼此依附,彼此宠爱,温柔缠绵,缱绻不尽。

但陆小曼骨子里就不是那样的安分,她不拘束,从容如风,所来所去,所作所为,皆由心。她不为任何人改变,也不为任何人低眉,风云乱世,她自在玩乐,唱她的靡靡之音,画她的山水花木。她醉心于自己的世界,看不到世事烦扰,也见不到民间疾苦。

我喜欢胡兰成写张爱玲的一段话:"爱玲种种使我不习惯。她从来不悲天悯人,不同情谁,慈悲布施她全无,她的世界里是没有一个夸张的,亦没有一个委屈的。她非常自私,临事心狠手辣。她的自私是一个人在佳节良辰上了大场面,自己的存在分外分明。她的心狠手辣是因她一点委屈受不得。她却又非常顺从,顺从在她是心甘情愿的喜悦。且她对世人有不胜其多的抱歉,时时觉得做错了似的,后悔不迭,她的悔是如同对着大地春阳,燕子的软语商量不定。"

陆小曼与张爱玲实则有许多相似之处,却又截然不同。张爱玲沉静素淡、孤傲冷漠,陆小曼风流妖冶、艳丽多情。她们做的都是自己,纯粹自然,坦荡清白,爱恨由心,不委曲求全,也不俯首称臣。她们有自己的国,大概这世上,除了情爱,再无任何事可以将之改变。

但徐志摩眼中的陆小曼则是多情妩媚,虽然贪吃贪玩、慵懒任性,到底让他情到极致,爱到深浓。他愿意迁就她,荣宠她,为她放弃功名,甘守清贫,亦愿意为她重拾名利,世海沉浮。或许这就是爱,爱到深时,无有怨悔,愿付之所有,甚至不要自己。

每当夜色来临,她在璀璨的灯影下,似耀眼的明珠一般,醉于舞池,迷于牌局。他则独坐窗下,背课写稿,为赚取更多的碎

## 二一章
## 海上花开

银不知疲倦，为五斗米折腰。这就是陆小曼，自小生于富庶之家的千金名媛，挥金如土于她来说，亦无过错。

徐志摩又何曾不是富家子弟，锦衣玉食的他竟不想会沦落至此。但人生何悔，倘若他听命于父母，与张幼仪共赴烟火，此生又何须为银钱劳神奔命。他要的不正是陆小曼的天性使然，若陆小曼是安分自持的女子，亦不敢和王赓决裂，为爱可生可死。

"只愿君心似我心，定不负相思意。"山盟仍在，爱人依旧，不曾更换什么。她只是顺应自己的心，过想过的日子，他既已应诺得到佳人，如何轻易放手。她的确太随性放纵，但她的一颗心只给了他，此后再不对任何人言情说爱。纵算她后来和翁瑞午共卧一个烟榻，也始终没有背叛爱情。

她早已奢靡成风，忙于交际，他要的柔情温软，她疲于付出。陪伴他的，是冷月疏雨，还有桌案上的诗文，甚至和古人说话都胜过与她的一言一语。她在纸醉金迷的上海渐渐失去了当年的灵性，可在他眼中依旧风采熠熠，只是彼此的生活渐行渐远。

他亦有恼意，亦曾委婉规劝："因为我认定奢华的生活不是高尚的生活。爱，在俭朴的生命中，是有真生命的，像一朵朝露浸着的小草花；在奢华的生活中，即使有爱，不能纯粹，不能自然，像是热屋里烘出来的花，一半天就有衰萎的忧愁。"

她的人生习惯了自己做主，何曾听得进去他的劝阻，哪怕是极小的一件事也不肯屈就。她依旧挥霍青春，散尽金钱，而他所能做的则是听命顺从，给她足够的爱，给她足够的幸福。

她自问清白坦然，无愧于心，不躲藏，不遮掩，不避嫌，快意招摇。除了贪玩花钱、虚度光阴，他又能怪她什么？况她多病之身，再不愉悦宽心，又能过多少安生日子。

"腊梅当已吐黄，红梅亦早结蕊。眉亦自道好花，尤昵梅，奈何屋具太俗艳，即邀冷香客来，虑不俳适。想想一枝疏影，一弯寒月，一领清溪，一条板凳，意境何尝不远妙？然眉儿怕冷，宁躲在绣花被中熏苏入梦也！

"并坐壁炉前，火光照面，谈去春颜色，来春消息。户外有木叶飞脱作响。坐垫殊软细，肌息尤醉人。眉不愿此否？"

" 快乐时辰容易过，是真的。容易过故痕迹不深，追忆时亦只一片春光烂漫，不辨枝条。苦痛正是反面，故尔容易记认。"

## 二一章
### 海上花开

"眉,你我几时到山中做神仙去?"

看罢一句"眉,你我几时到山中做神仙去?"不禁心生酸楚,多少话,多少怨,说不出,道不明,本是连理并蒂,远避尘嚣,一箪食,一瓢饮,居眉轩,朝夕相看,胜做神仙。可红尘百相,乱花迷人眼目,如何能回去,如何回得去?

## 第二二章
### 半生青衣

> 又或许，我们都是红尘戏子，涂抹油彩，戴着面具，每一天都在演绎着不同的自己。时间久了，几乎分不清哪个是戏中的我，哪个又是戏外的你。

"你穿上凤冠霞衣，我将眉目掩去，大红的幔布扯开了一出折子戏。你演的不是自己，我却投入情绪，弦索胡琴不能免俗的是死别生离。折子戏不过是全剧的几分之一，通常不会上演开始和结局，正是多了一种残缺不全的魅力，才没有那么多含恨不如意。如果人人都是一出折子戏，把最璀璨的部分留在别人生命里，如果人间失去脂粉的艳丽，还会不会有动情的演绎。如果人人都是一出折子戏，在剧中尽情释放自己的欢乐悲喜，如果人间失去多彩的面具，是不是也会有人去留恋，去惋惜。你脱下凤冠霞衣，我将油彩擦去，大红的幔布闭上了这出折子戏……"

听一出《折子戏》，忍不住泪流，因为投入了情绪，竟忘了隐藏在戏剧后面的悲凉。又或许，我们都是红尘戏子，涂抹油彩，戴着面具，每一天都在演绎着不同的自己。时间久了，几乎分不清哪个是戏中的我，哪个又是戏外的你。

若说人生是戏，他就陪她看戏演戏，为她衬景当配角。那段时日，徐志摩依旧在上海几所大学授课，忙碌急促，偶有闲暇，还要陪小曼登台唱戏，配个角色，讨她欢心。陆小曼除了打牌跳舞，挥霍无度，最钟情则是唱戏。

她非科班出身，却和戏渊源极深。穿上戏服，涂上油彩，俨然一个伶人，台上风流曼妙，不输名角。她曼舞水袖，声调委婉，一嗔一喜，一颦一笑，美不胜收。陆小曼平日慵懒多病，可一练戏就顾不了病体，沉于戏中，风华不尽。她一如既往地招摇任性，而他始终舍命付出。

1927年冬日，陆小曼受江小鹣和翁瑞午之邀，演了一场《玉堂春》。而徐志摩为博红颜一笑，勉强凑了个角色。这场戏很成功，压轴戏都是陆小曼，她自是快意平生，可徐志摩却甚觉委屈，喧闹背后是一个人的落寞。

他说："我情愿，在冬至节独自到一个偏僻的教堂里去听几首圣诞歌，但我却穿上了臃肿的袍服上舞台去串演出不自在的'腐'戏。我想在霜浓月淡的冬夜独自写几行从性灵暖处来的诗句，但我却跟着人们到涂蜡的跳舞厅去艳羡仕女们发金光的鞋袜。"

徐志摩早已厌倦了她这样没完没了的交际，厌倦了她不顾一切地唱戏捧角。她把所有的时间都用来应酬，全然忘记他为了生活艰辛地付出。她依附他，却不顺从他，她离不开他，却丝毫不肯为他着想。她自认他为此生最后的归宿，却与别的男子毫不避嫌，整日欢声笑语，书信不断。

为了迎合陆小曼，徐志摩与她共同合作了剧本《卞昆冈》。据说这个剧本的故事是由陆小曼构思，夫妻俩依偎在梳妆台旁，你一言我一语地演示、推敲，执笔则为徐志摩，每日忙于交际的陆小曼自是安静不下来。

## 二二章
### 半生青衣

如今的徐志摩只能依靠文字来诉说悲喜，在陆小曼面前不敢轻易流露情绪，更不能多生怨言。曾几何时，那些美如幻梦的爱、华丽无比的诺言被纷乱的生活日夜啃噬、消磨，觅不见踪影。

最让徐志摩伤神的是陆小曼病弱的身子。"曼的身体最叫我愁。一天二十四时，她没有小半天完全舒服，我没有小半天完全定心。"为了她的病，徐志摩遍访上海名医，搜寻药方，始终不见成效。陆小曼有哮喘和胃痛之疾，疼痛时呼天喊地，他除了心痛，一筹莫展。

在上海，他们结识了翁瑞午，而这个男子从此走进了陆小曼的生活，就再也没有走出去。他给陆小曼的关爱甚至超越了徐志摩，在徐志摩不幸丧生后，是翁瑞午替代他照料陆小曼三十余载，供她吃穿用度，为她试药端茶，伴她孤独寂寞。

翁瑞午亦是民国世界的多情公子，擅长书画，会唱京戏昆曲，又随丁凤山学习中医推拿。每当陆小曼病痛发作，徐志摩便为她请来翁瑞午。他为她推拿按摩，手到病除，每次疼痛得到缓解，陆小曼也变得和颜悦色。为了爱妻的健康，徐志摩对翁瑞午非但不生醋意，还甚是感恩。

陈定山《春申旧闻》载："陆小曼体弱，连唱两天戏便旧病复发，得了昏厥症。翁瑞午有一手推拿绝技，是丁凤山的嫡传，他为陆小曼推拿，真是手到病除。于是，翁和陆之间常有罗襦半解，妙手抚摩的机会。"

徐志摩对陆小曼的宠爱超越了世间许多寻常的夫妻，他对她宽容、忍耐、千依百顺。为了减轻病痛，翁瑞午干脆叫陆小曼吸食鸦片，此后这鸦片一吸就是二十多年，耗费了陆小曼的年华和容颜。陆小曼也因此得了个"芙蓉仙子"的称号。

陆小曼曾说："我是多愁善病的人，患有心脏病和严重的神经衰弱，一天总有小半天或大半天不舒服，不是这里痛，就是那里痒，有时竟会昏迷过去，不省人事。……喝人参汤，没有用；吃补品，没有用。瑞午劝我吸几口鸦片烟，说来真神奇，吸上几口就精神抖擞，百病全消。"

徐志摩自知鸦片伤身，一旦染上，再戒则难。可陆小曼每次吸完鸦片，效果奇特，神清气爽，比之平日更温柔多情。为了她好，徐志摩纵容她的一切，亦因此多了一项庞大的开支，生活更加琐碎繁乱。而翁瑞午也是个慷慨之人，素日对他们多有资助，甚至不惜变卖古董字画，只为让陆小曼尽心纵意。

若得空闲，徐志摩还会携陆小曼与翁瑞午同游山水，共赏春光。那时的徐志摩不知道眼前的这个男子会在将来和陆小曼相濡以沫，风雨同行。在她牙齿掉光、繁华落尽之时，依旧对她嘘寒问暖，体贴入微，长情相伴，直到死去。

但陆小曼一生始终深爱徐志摩，若不是旧疾缠身，翁瑞午频频医治，数十年不离病榻，她后来亦不会委身于他。她曾说过，她对翁瑞午并无爱情，只有感情。有时候，习惯比爱更让人无法放下，那个人，你明明不那么爱，却和你如影随形，不能割舍。

多少次，当徐志摩拖着疲惫的身子归来，见陆小曼和翁瑞午共躺一张榻上，吞云吐雾，如临仙境。他内心承受的痛苦无人能解，可他除了忍耐，别无他法。大上海的街头开始出现有关陆小曼和翁瑞午之间的暧昧的传闻，徐志摩难免心中不悦，可陆小曼置若罔闻，任性到底。

陆小曼生来就是个心高气傲的女子，希望享受世间女子无法轻易享受的荣华，如今年华正好，自当放歌纵酒，舞尽风华。她贪图安逸，却忠于情感，她若只爱富贵享乐，就不会放下军官太太不做，和徐志摩相爱相守。

徐志摩爱她，所以愿意宠她、信她，愿意对她慈悲，为她豁然。可她的有恃无恐，无节制地花钱、抽烟，失去了初时的美好，让徐志摩亦心生惆怅和失落。她每日于喧闹场所放纵，或懒卧烟榻吞云吐雾，他则为银钱疲于奔命，日日神伤。唯有在时光的缝隙里，偶尔寻得些许安静，捉住灵感，写下几段残章片语，不能成文。

他们原本都是向往自由、敢爱敢恨、不受束缚与拘泥之人。可各自的人生方向终是有所不同。若单纯只是爱，可以走得很远，若掺杂生活，或许有一天会相对无言。之前的缠绵热烈，到今时的疏离淡漠，都不是他们想要的结局。

不知这世上有多少爱情经得起光阴的消磨，又或许都只是灿烂一时，寂寥一生。是那春风不解人意，是那情深不得释怀。你看她，半生青衣半生戏，演的是别人，又分明是自己。而他此一世风光无际，到底负累情爱，不得果报。

"你脱下凤冠霞衣，我将油彩擦去，大红的幔布闭上了这出折子戏……"你还在台上徘徊，她早已淹没在人海。

## 第二三章
### 新月如洗

> 他落笔行文,依旧风流洒逸,不拘泥于世事,也不生悔怨之心,更不气馁败落。他的笔下,处处可见风物,字字皆含情意。

春色撩人,轩窗下已是繁花如锦,绿意温柔。溪桥烟柳,竹篱茅檐,虽不是自然之景,却足以装点心情。伏案写字,只觉意乱不安,生怕一个低眉,一个转身,错过了春光,虚度美景良辰。

"宜言饮酒,与子偕老。琴瑟在御,莫不静好。"这个季节水色风影,桃红柳绿,皆是诗情,皆有爱意。此生若得一人携手烟火红尘,春水烹茶,青梅煮酒,看千年繁华往来穿梭,听光阴聚散故事。无论经历多少波折磨难,彼此还在,那该多好。

用情至深,必受其累。时常想起林黛玉所说:"人有聚就有散,聚时欢喜,到散时岂不冷清?既清冷则生伤感,所以不如倒是不聚的好。比如那花开时令人爱慕,谢时则增惆怅,所以倒是不开的好。"故她喜散不喜聚,别人以为喜时,她反以为悲。

这看似无情之话,实则是对草木情深,对万物痴心,怕负人负己而不敢生情用情。可陆小曼却不怕,她愿此生花开不谢,在最好的年华里典当一切美丽,释放所有情怀。她喜乐由心,吃穿用度更是随心所欲,她敢爱天下人,也不屑负天下人。

徐志摩爱的则是她的无所畏惧,她的浓妆淡抹,她的笑怒嗔喜。他和陆小曼的相似之处是,两人都为性情中人,敢爱敢恨,可生可死,任何人都无法阻挡他们对爱的追求,以及人生的信念。但他毕竟是读书君子,他一生所求无关功利,而是那遣之不去的文人情怀。

这年春日,徐志摩和闻一多、梁实秋、胡适等人海上重逢,聚集一处谈诗论文，让沉寂已久的心情再度燃起了热忱，重续当年风采。而他内心的"新月"情结始终不减，早在北京时便成立过新月社，光阴不仅荒废了年华，亦蹉跎了雄心。

他说："文字债欠了满身，《新闻报》《申报》都派人来逼着替他们元旦增刊写文章，……我如学商，竟可以一无成就，也许真的会败家，我学了文学，至少已经得到了国内的认识，我并不是没有力量做这件事的，并且在这私欲横流的世界，我如能抱定坚贞的意志，不为名利所摇惑，未始不是做父母的可以觉得安慰的地方。"

他似乎听信因果，数年来一直疲于偿还情债，而为此疏于文字。如今故人相聚，让他梦回当年，多日迷茫惆怅的心似乎有了些许安慰，找到归宿，也让他从颓废繁乱的生活中暂时走出，与文字交集。

1927年夏日，上海华龙路，新月书店正式营业。胡适为领袖，而徐志摩则是新月的魂。这座金粉之城，亦因了新月书店的到来，流淌着翰墨的芬芳，添了文雅之气。新月书店让这些文人有了灵魂的归依，他们时常云集一处，谈笑风生，研讨文字，亦谈论政治风云。

民国乱世，谁家不历沧桑劫数，谁的人生不是坎坷多难，看惯离合聚散，悲喜无常，新月书店是诗意的栖息之地，是续梦之所。在这里，良朋知交，新词旧韵，皆让人心动，让人感恩。文字成了荒年浊世里一道顾盼悠悠的风景，被珍爱珍惜。

徐志摩从纷乱的生活中走出，在书香里找回了从容气度，尽管短暂，却精美绝伦。他落笔行文，依旧风流洒逸，不拘泥于世事，也不生悔怨之心，更不气馁败落。他的笔下，处处可见风物，字字皆含情意。

都说他风流不羁，四处留情，可他爱一人时则只为一人忠心。他对世事可以迁就忍让，搪塞过去，对情感却认真执着，不肯含糊。他视名利如过眼云烟，但为了陆小曼，为了她的挥霍无度，为了她的阿芙蓉，他甘愿委身红尘，为金钱庸庸碌碌。

"长恨此生非我有，何时忘却营营。"还记得年少轻狂时，心怀凌云之志，飘零海外，为拯救万民于水火置身书山墨海，如痴如醉。后为寻心中的偶像，轻易舍弃唾手可得的学位，洒脱任性。误入情海爱河，更是不惧波涛汹涌，翻云覆雨。哪怕无有结果，他亦用尽心性情志，不悔一生。

他待人、待字，皆暖热心肠。他心性明净，哪怕尘虑萦心，亦不落俗流，无论欢喜和忧伤，皆流淌于诗书，刻骨惊心。他单纯良善，于生活中始终像个长不大的孩子，笔墨间却好似沧桑过尽的老者。他的情或许并非用得恰到好处，却真实不虚，无人相及。

这一年，林徽因和梁思成完婚，罗帕同心，琴瑟相谐。他们同修建筑事业，之后的人生则是天涯携手，夫唱妇随。林徽因做到了，她要的安稳现世被岁月成全。她当年及时转身，仓促放手，改变了彼此的命运，之后所能做的只是在红尘两岸遥遥相望，尽力不去碰触内心的柔软和伤感。

诗人多情，他年轻时爱慕的女子已名花有主。而他亦是使君有妇，虽有不尽意处，却也是修行千年方换得同床共枕。他知道，纵算有一天一无所有，还有诗歌与之相伴相生，还有陆小曼陪他风雨同行。

是的，那时的陆小曼只是被世相所迷，醉于烟榻之上，碌碌难脱。病痛消磨了她的热忱，让她无心沉静下来去迎合明月秋山，溪云松涛。可她亦画山画水，画花木虫鸟，与它们在水墨上相逢。她亦有美好心愿，她说，时光如雨，我们都是在雨中行走的人，找到属于自己的伞，建造小天地，朝前走，一直走到风停雨住，美好晴天。

人生幻梦，并非她不懂珍惜，游走在现实和梦想之间，难免失落彷徨。徐志摩又何尝不是，他时而在世人无法企及的高度里俯视众生，时而又落入尘泥，像蝼蚁一样为了责任四海奔波。

我们试图改变生活，却总是被生活改变。一如他，努力让自己从纷乱的世相中走出来，愿在山水自然中找寻灵性和纯美。可有一天，终像断翅的飞鸟迷失在云端之上，再也找不到归程。

多少次，他将她带离迷雾萦绕的烟榻，去往杭州。携手漫步苏堤，泛舟湖心，暂避尘嚣。于柳岸之畔看一次雷峰夕照，在秋月平湖设宴，推杯换盏。那时，也想在寻常巷陌觅得小院，做一对平凡的夫妻，就这样平凡生活，再无诱惑，亦无荒愁。

舟行湖岸，红尘梦醒，归去山重水复，依旧人海浮沉。她重新沉醉于烟榻，吞吐云霞，颓靡不堪。他百般劝阻，继而落入更迷惘的深渊，茫然无措。他不过是想她华丽的岁月从此远离伤害，静美度日。可她宁可永久沉迷，一生一世都不要清醒。人生最悲哀的莫过于看着至爱之人陷于困境，却又无能为力。

她要的爱，他可以不惜一切，倾心给予。她要银钱，要奢靡的生活，他亦会努力做到。他只是希望她能够改掉恶习，从颓废中走出，养好身子，重见昨日的灵逸，于绘画中寻到本真。不为浮名，只为在人间留几分纯粹，一点性情。

1928年3月10日，徐志摩主编的《新月》月刊问世。他说："我们这几个朋友，没有什么组织除了这月刊本身，没有什么结合除了在文艺和学术上的努力，没有什么一致除了几个共同的理想。凭这点集合的力量，我们希望为这时代的思想增加一些体魄，为这时代的生命添厚一些光辉。"

山河动荡，像《新月》这样纯文艺的刊物更是难以长久立足。但徐志摩依旧是寥廓苍穹里那颗璀璨的明星，在暮霭沉沉的时代照亮了许多迷失方向的路人，亦在文字的长河里掀起过惊涛骇浪，久久不息。

人世浮花浪蕊终会散尽，唯文字不朽，千秋万代，不可湮没，无有遮蔽。光阴飞谢，往来无心，多少人情风物悄然无迹，独留那空山新雨，明月如洗。

## 第二四章

### 渐行渐远

> 他们明明相爱,两颗心却渐渐走远,再也回不到初见。他日夜关心她的病痛,怕她蹉跎光阴,愈陷愈深。她则受不得他的缠烦,受不得他没完没了地干涉。

"绿槐高柳咽新蝉,薰风初入弦。碧纱窗下水沉烟,棋声惊昼眠。微雨过,小荷翻。榴花开欲燃。玉盆纤手弄清泉,琼珠碎却圆。"当年东坡遭贬,背负行囊暂寄惠州西湖,朝云相随,为之红袖添香。这样一位能歌善舞的妙龄女子为他涉水采莲,为他煮饭烧茶,也伴他夜敲棋子,慰他落魄孤寂。

## 二四章
### 渐行渐远

要多幸运才能在年华正好时遇见你。可这诸多的幸运自当珍爱守护,不然有一日终要偿还给岁月。想来徐志摩要的是如王朝云这般灵性绰约又柔情似水的女子,和她在某个林泉小镇过细碎简净的生活,白日闲弄花草,夜里烛影下即兴写诗,不负每一剪春光,不负今世之缘。

他又分明迷恋陆小曼的万种风情,还有那一身如何也消散不尽的妖气。这个女子柔软静雅,更有烟火情味。她美艳时,群芳让步;素朴时,只一件蓝旗袍便足以惊艳民国。她敢于爱恨,不惧破碎,无谓生死,想来徐志摩爱的亦是她这样的千姿百态。她一身妖气就胜过了张幼仪、林徽因、凌叔华以及韩湘眉等民国女子。

徐志摩说:"爱是人生最伟大的一件事实,如何少得了一个完全,一定得整个换整个,整个化入整个,像糖化在水里,才是理想的事业,有了那一天,这一生也就有交代了。"

陆小曼没有负他,给了他完全、整个的爱,让彼此的一生有了交代。只是爱到尽头,如风日星月不可遮蔽,亦如太湖晴空无处躲藏。他们之间爱得太深、太真,所有的平淡琐碎在朝夕相处的时光里一览无余。

多少人误解徐志摩,他对张幼仪的辜负、伤害,甚至有些残忍,到后来却在陆小曼身边受百般折磨,这是其咎由自取。他们亦误解陆小曼,怪她红颜祸水,对之讥讽谩骂,怨她的任性妄为断送了徐志摩的一生。

人间是非与爱恨无关。他们之间的恩怨情愁、悲欢喜忧,亦只有身入其间方能知道。换一个人,换一种方式,便给不了那样的感觉,那样的滋味。也曾浓情爱意,归隐山园,镜前描眉,花下寻欢,那昼长人静的日子,过一生一世也愿意。

乱世荒芜,多少漂泊坎坷,多少仓皇失措,直到遇见她,内心方生安稳喜悦。瞬间忘记江山兴亡,始觉岁序静然。倘若没有那场该死的战火,他们此时应当还在硖石小镇,在眉轩幽院看风日妍和、花开花谢,听溪水声喧、松涛竹语。他们的爱情一如山长水远的日子,没有尽头。

上海的金粉浮华让陆小曼寻到快乐,徐志摩眼中的腐朽落败,她只觉端然无忧。她不过问世事,只在她装修奢华的洋楼里肆意尽情。寻常女子煮饭烹茶,窗影下挑灯针线,她则是打牌唱戏、跳舞抽烟。同样是不与万物相争,对生活百依百顺,却又那般的不同。世人说她荒唐,她则自我沉迷,自我欢喜,一点都不

## 二四章 渐行渐远

觉得遗憾。

他们明明相爱，两颗心却渐渐走远，再也回不到初见。他日夜关心她的病痛，怕她蹉跎光阴，愈陷愈深。她则受不得他的缠烦，受不得他没完没了地干涉。他们的内心苦闷愁烦，不知该如何挣脱，如何释怀。

陆小曼曾对好友王映霞说："照理讲，婚后生活应该过得比过去甜蜜而幸福，实则不然，结婚成了爱情的坟墓。志摩是浪漫主义诗人，他所憧憬的爱，是虚无缥缈的爱，最好永远处于可望而不可及的境地，一旦与心爱的女人结了婚，幻想泯灭了，热情没有了，生活便变成白开水，淡而无味。志摩对我不但没有过去那么好，而且干预我的生活，叫我不要打牌，不要抽鸦片，管头管脚，我过不了这样拘束的生活。我是笼中的小鸟，我要飞，飞向郁郁苍苍的树林，自由自在。"

人生多么悲哀，她拼尽一切，愿用生命来交换的爱情，付出代价得到的婚姻，到头来竟成了坟墓。而徐志摩又如何不是作茧自缚，让自己从一座围城走出，逃到另一座围城里。他要的纯美爱情，憧憬的生死爱恋，原来也只是平淡无味的日子。

徐志摩是诗人，诗人应当有诗人的活法，应当是空灵简净，浪漫柔情。上海的莺歌燕舞让他无法明心见性，怅然难安。是他们太过年轻，还是爱原本就是朴素无华？那些金风玉露的甜蜜，地老天荒的诺言，都只是戏文里的故事，如何当得了真？

徐志摩和陆小曼结婚后，与林徽因始终保持联系，和凌叔华也时常往来书信。每次去北京，皆要寻机会去林徽因家中久坐，有时甚至住上几日，论诗谈笑。她虽已为他人妇，却依旧秀丽端雅、婉兮清扬。她就像徐志摩的一个梦，一个永远醒不来的梦，在这个梦里，他可以安然做年轻的自己，不会老去。

徐志摩又何尝不是林徽因的一个梦，她与梁思成的结合是此一生明智的选择，但并不意味她心中没有遗憾。婚前，梁思成曾问林徽因："有一句话，我只问这一次，以后都不会再问——为什么是我？"林徽因答："答案很长，我得用一生去回答你，准备好听我了吗？"

她就是这样一个灵动聪慧有韵味的女子，像谜一样美丽，无论是拥有的，还是擦肩的，都对之可望不可即。这个女子喜爱着白衣，素手焚香，于瓶花不绝的案几旁低眉写字，风雅至极。她的美是一种春色，是灵性和温婉。亦是因为这样，让徐志摩爱慕

## 二四章 渐行渐远

一生,让金岳霖相守一生,让梁思成呵护一生。

林徽因聪慧而理性,倘若当初徐志摩和她喜结连理,他的人生亦未必会有多少改变。都说性情决定命运,他的心始终在飘游,于云中烟火漫步,只是没有炽热激情,亦不会有刻骨的疼痛和落寞。这个安静有风韵的女子住在他的心里,在他被情感负累,被生活折腾时,让他得到短暂的慰藉。

他们看上去相安无事,实则在心底落地生根。徐志摩曾经对林徽因说过:"看来,我这一生不再有幸福了。"是陆小曼的放纵磨尽了徐志摩的热忱,但他们的爱又如何能轻易被消减。陆小曼的美从来不落于林徽因,她的活色生香、妩媚动人不正是徐志摩一生所求的吗?

陆小曼那一身侵人心骨的妖气,那不一样的颜色烟火,那众星捧月的高贵,试问民国女子中几人能及?只是她太心高气傲,纵意贪玩,在世人眼里,她是上海滩的交际花,是个不顾名节、失去真性的女子。

徐志摩新月社的诸多文友亦时常拿陆小曼和林徽因相比,她们皆为一代名媛,但林徽因的个人造诣以及其建筑事业的成就对国家的贡献是陆小曼无法企及的。她沉迷戏曲鸦片，醉生梦死，她挥霍无度，在矛盾痛苦中挣扎，难以和清风朗月的林徽因红尘同步。

陆小曼看似幸运的人生，实则不幸，看似奢华的生活，实则惨淡。为了追求幸福和安乐家庭，她受尽外界谴责、嘲弄，嫁做人妇，却一世不能生儿育女。她得到了爱情，得到了如心的伴侣，亦只是相守了几载光阴便离她而去。她始终是孤独的，始终只有自己。

徐志摩的朋友、家人对她不曾有好感，亦没有宽容和尊重。在硖石的那个家里，她的地位始终不及张幼仪。徐申如寿诞，她不能参加；徐志摩母亲生病，她不能探望。徐志摩死后，她没有要一分家产。所有的屈辱，她默默忍耐，从不反抗。她对外界的纷言乱语也置之不理，不追究，更不回应。这一切，皆因她爱徐志摩，皆因她是一个有气节的女子。

可她诸多的好，诸多的付出，难以抵销她的任性放纵，抵销她种种的过错。上海那座气势恢宏的洋房里弥漫着鸦片的气味，那是陆小曼一个人的欢场，是她的国。徐志摩在她的国里爱着，迷惘着，有温存，也有悲伤。

## 我不知道风是在哪一个方向吹

徐志摩

我不知道风
是在哪一个方向吹——
我是在梦中,
在梦的轻波里依洄。

我不知道风
是在哪一个方向吹——
我是在梦中,
她的温存,我的迷醉。

我不知道风
是在哪一个方向吹——
我是在梦中,
甜美是梦里的光辉。

我不知道风
是在哪一个方向吹——
我是在梦中,

她的负心,我的伤悲。

我不知道风
是在哪一个方向吹——
我是在梦中,
在梦的悲哀里心碎!

我不知道风
是在哪一个方向吹——
我是在梦中,
黯淡是梦里的光辉。

## 第二五章
### 再别康桥

> 唯柔波轻漾,还有招摇的水草,在诉说依依过往。岁月当真是无情,那个俊朗风流的青年仿佛已经是前世,而他被留在了今生。隔了渺渺时空,如何还能回得去?

微雨过,烟柳浓,光阴飞谢,往来无心。人生是否安稳,不是自己说了算,我们能做的则是过好每一天,珍惜每一寸辰光。到底是幸运,在你途经的时光里停留过,并且有过这样美丽的擦肩。

我不能做一个路人,我愿此后行走的山山水水都有你相伴陪同。我愿余下的时光都和你交集,愿与你漫步在溪桥水畔,厮守于街间巷陌。我愿所有的故事都与你相关,愿与你细水长流,双双终老。

想起《半生缘》里,顾曼桢那封未写完的情书。"世钧,我要你知道,这世界上有一个人是永远等着你的,不管在什么时候,不管在什么地方,反正你知道,总有这么个人。"可是他们之间隔了十多年的山水,错过了十多年的故事,确实再也回不去了。

徐志摩对陆小曼的爱没有减少,只是太多的俗事让他疲倦不堪。被禁锢的心需要再次放逐,他渴望在茫茫天涯找寻一点寄托,安放寂寞。他想漂泊,去往年少时的寻梦之所,对那久别的人情风物心驰神往。他更想携带陆小曼逃离沉闷的上海,彼此换一个环境,换一种心情,或许,一切都会改变。

"我那一天不想往外国跑,翡冷翠与康桥最惹我的相思,但事实上的可能性小到我梦都不敢重做。……只是叫我们那里去找机会?中国本来是无可恋,近来更不是世界,我又是绝对无意于名利的,所要的只是'草青人远,一流冷涧'。这扰攘日子,说实话,我其实难过。"

## 二五章
## 再别康桥

病痛缠身的陆小曼早已倦怠了河山风物,也倦怠了行走。她似乎一日都离不开上海,离不了阿芙蓉,离不开翁瑞午。无奈之下,徐志摩选择释放心灵,他再次踏上了出国的旅程。他愿像云彩那般纯净自由,亦期待回来之后,时间更换了一切,他又可以看到从前的陆小曼。

1928年夏日,黄浦江的码头游人如梭,在嘈杂的人群里分辨不出谁是归客,谁又是行人。徐志摩乘上了豪华的加拿大"皇后"号轮船,开始了他漫长的环球之旅。几程山水,千种情怀,熟悉的海风翻开了过往的记忆,内心亦如浪花,有跌宕,有欣喜,有期盼,更有不舍。

此番游历,徐志摩打算从日本渡太平洋抵达美国,再穿越大西洋至英国,而后经印度,再回国。看山看水,天地之间一派清朗皓远,无有成败爱恨。茫茫海域,辽阔边际,连一处烟火人家都看不到,连隐身之处亦没有。

遥想当年,意气风发,有指点江山之气势。如今遍历人世况味,而立之龄多了一分责任,几许牵挂。上海最让他放不下的还是爱妻,看到沿途曼妙的风光,都想与她一同分享,见到玲珑精致的饰物、琳琅满目的美食,亦毫不吝啬地买下寄回。

"九州各岛灯火辉煌,于海波澎湃夜色苍茫中,各具风趣。今晨起看内海风景,美极了,水是绿的,岛屿是青的,天是蓝的;最相映成趣的是那些小渔船,一个个扬着各色的渔帆,黄的、蓝的、白的、灰的,在轻波间浮游。"

人生聚散、冷暖悲欢落于大自然,皆显得渺小而谦卑。徐志摩沉寂已久的心在自然风景中得到豁然释放。他写信告知陆小曼:"上海的生活想想真是糟。陷在里面时,愈陷愈深;自己也觉不到这最危险,但你一跳出时,就知道生活是不应得这样的。"

人世风光壮丽,也飘忽若尘,多少悠悠情意、慷慨缘分等着去邂逅。哥伦比亚校园风景依旧,年少轻狂的时光,连同豪气干云的梦想,在这里匆匆流逝。他带走过灿烂辉煌的西方文明,也留下过遗憾。

梦里千回百转的始终是雨雾之都伦敦,始终是割舍不断的康桥。这座桥教会他写诗,教会他用情,给了他爱和希望,也给了他痛苦和离别。他曾说过:"最早写诗那半年,生命受了一种伟大力量的震撼,什么半成熟的未成熟的意念都在指顾间散作缤纷的花雨。"

## 二五章
### 再别康桥

这力量是康桥，是林徽因，是爱。熟悉的康河，柳畔下，曾经玉人双影，如今物是人非。唯柔波轻漾，还有招摇的水草，在诉说依依过往。岁月当真是无情，那个俊朗风流的青年仿佛已经是前世，而他被留在了今生。隔了渺渺时空，如何还能回得去？

以为放下的人和事，其实在心里生根发芽，只是此生再也长不成参天大树。那朵初夏的白莲仍在他的梦里开花，实际却早已在属于她自己的季节里，和陪伴她的人过安稳生活。他能做的只是将从前的美好、遗失的情节细细地怀念一生。

林徽因亦是多病之身，她曾几度去香山养病，徐志摩皆会抽空相陪。与她煮茗夜话，谈文学人生，为她试药端水，体贴入微。他们之间的爱熟悉温暖，是知己亲朋，亦为前世的伴侣，有过美丽的邂逅，给过彼此灵魂震撼。

人的一生有几段尘缘，就有几段劫数。徐志摩的劫数便是至亲的三个女人，他把辜负给了张幼仪，把遗憾给了林徽因，亦把纷繁给了陆小曼。而林徽因和陆小曼又何尝不是，林徽因错过徐志摩，再后来又得金岳霖的痴心相陪，那躲不过的情劫甚至让她迷乱不已。

林徽因曾很沮丧地对梁思成说:"我苦恼极了,因为我同时爱上了两个人,不知道怎么办才好。"她说的这个人是金岳霖,她柔软的心亦经不起长久的爱浪。梁思成是君子,他思索再三,对林徽因说:"你是自由的,如果你选择了老金,我祝愿你们永远幸福。"

但林徽因的内心终究是清醒明透的,她不会让错误延续。就连放浪形骸的陆小曼自始至终也没有背叛徐志摩。认定的爱,不会因为某个人、某份感动而轻易改变。所以我从来都不敢评判她们,甚至对她们生敬畏钦佩之心。

这世上没有谁可以将错综复杂的情感梳理得安稳妥帖。多情的徐志摩也只是听从自己的心意,爱自己所爱,念自己所念。无论是否放下了,他都清晰地知道,与他共度一生的人将会是陆小曼。他爱她,愿为她委曲求全,待拾取这段康桥旧梦,便归去,与她死生不离。

他写信说:"曼,你果然爱我,你得想想我的一生,想想我俩共同的幸福;先求养好身体,再来做积极的事。一无事做是危险的,饱食暖衣无所用心,决不是好事。你这几个月身体如能见

## 二五章
### 再别康桥

好,至少得赶紧认真学画和读些正书。"

在欧洲,徐志摩再次探望了久别的故人罗素,彼此彻夜长谈,追思往昔,多少哀怨喜忧皆成了深深眷念。匆匆辞别,此去云山渺渺,再相逢又不知是何日经年,而岁月又将给彼此留下多少劳虑尘霜。

徐志摩辗转来到印度拜见泰戈尔,这也是他此番游历最为珍视之事。这位老诗人精神矍铄,风采依旧。热忱的诗人为徐志摩的到来特意举行了茶话会,为其接风洗尘。会上,泰戈尔亲自朗读了徐志摩的诗歌《沙扬娜拉》。此番情义令徐志摩铭感于心。

短暂的相聚足以弥补他多日来的仓皇与落寞。了却心愿,归期愈发近了,思念愈是深浓。半年的离别,他一直不间断地写信给陆小曼,将走过的山水、邂逅的风情寄于信笺,托鸿雁带去相思。

别了,泰戈尔。别了,康桥。别了,那惊艳于三生石上的绝代佳人。无有伤远离愁,无有生死沧桑。"悄悄的我走了,正如我悄悄的来;我挥一挥衣袖,不带走一片云彩。"

我用尽青春
　只为寻你

## 再别康桥
### 徐志摩

轻轻的我走了,
正如我轻轻的来;
我轻轻的招手,
作别西天的云彩。

那河畔的金柳,
是夕阳中的新娘;
波光里的艳影,
在我的心头荡漾。

软泥上的青荇,
油油的在水底招摇;
在康河的柔波里,
我甘心做一条水草!

那榆荫下的一潭,
不是清泉,是天上虹
揉碎在浮藻间,

## 二五章
## 再别康桥

沉淀着彩虹似的梦。

寻梦?撑一支长篙,
向青草更青处漫溯,
满载一船星辉,
在星辉斑斓里放歌。

但我不能放歌,
悄悄是别离的笙箫;
夏虫也为我沉默,
沉默是今晚的康桥!

悄悄的我走了,
正如我悄悄的来;
我挥一挥衣袖,
不带走一片云彩。

## 第二六章
### 生活修行

> 生活的修行远比文字的修行更艰深。文字于徐志摩来说,恰如行云流水,落笔潇洒,无有阻拦,更无须堆砌。而生活,他始终有诸多的放不下,不能尽心如意,无法洒脱安然。

夜幕悠悠来临,落下了白日喧嚣,世事归于宁静。倦鸟返巢,离人归家,跋山涉水半年之久的徐志摩登上了归沪的客船。归来的路上再无心赏悦山河风光、海上浪涛,心中唯念陆小曼,只愿化解过往所有的纠葛,与之长相依,不分离。

人潮如织的码头不见陆小曼的翩然倩影。福熙路的小洋楼灯

## 二六章
### 生活修行

火通明，笑语声喧，陆小曼一如既往，在她的国，于她的世界，打牌听戏，纵酒抽鸦片。也许对她来说，没完没了的应酬远比为徐志摩接风洗尘更为重要。

她心里有他，小别胜新婚，罗带轻解，恩情欢意代替了不能言说的内心的喜悦和相思。她也喜欢镜前描眉、耳鬓厮磨的日子，可又抵挡不了万丈红尘的诸多诱惑。她就是静不下来，一旦静下来，也是卧躺在烟榻上，捧着她精致的景泰蓝烟枪，吞云吐雾，优哉快活。

人生须当尽欢，又不可太多肆意荒废而忘记使命和责任。徐志摩爱她的灵性，爱她的蝇头小楷，也爱她笔下的草木山水，不愿她在凡来尘往的烟火中蹉跎了华年。可陆小曼不能悔改，她所有的沉迷直到徐志摩葬身云川的那一天戛然而止。

世间所有的醒悟、觉悟、清透都是用磨难与艰辛换取的。唯有经历风雨患难、跌宕坎坷，方可见到碧海云天。放下执念贪嗔，方能淡泊悠远，从容自喜。陆小曼放不下她的戏，她的阿芙蓉，徐志摩放不下他的情爱，他的诗文。

"我决意去外国时是我最难受的表示。但那时万一希冀是你能明白我的苦衷，提起勇气做人。我那时寄回的一百封信，确是心血的结晶，也是漫游的成绩。但在我归时，依然是照旧未改；并且招惹了不少浮言。我亦未尝不私自难受，但实因爱你过深，不惜处处顺你从着你。也怪我自己意志不强，不能在不良环境中挣出独立精神来。"

徐志摩的离开非但没有让陆小曼的奢侈放纵有所收敛，反倒更加散漫无拘。她甚至不肯移步山水，整日沦陷在烟榻上，被烟火熏得牙齿泛黄、容颜憔悴，再不见当年的熠熠风采。她过得疲倦又无趣，繁闹又孤寂，空虚而没有信仰。

人世纷纭，上海的街巷弄堂飘散着陆小曼和翁瑞午的流言闲语。于陆小曼来说，她早已无视旁人眼目，更不惧浮言，她所认定的清白与人无尤。在徐志摩面前，她连一句解释的话都觉得多余。他不敢猜忌，不敢气恼，不敢生怒，按捺着内心的痛楚，寂静无言。

生活的修行远比文字的修行更艰深。文字于徐志摩来说，恰如行云流水，落笔潇洒，无有阻拦，更无须堆砌。而生活，他始终有诸多的放不下，不能尽心如意，无法洒脱安然。人生至简，清静无为，他早已不像年少时那般飞扬跋扈，亦不忠于名利，只

## 二六章
### 生活修行

愿在文字上有所修为，于情爱中得到解脱。

上海，这座看似光鲜灿烂的城，实则颓靡落拓。这座城容易让人迷失心性，丢失本真。他的梦想被阴雨绵绵的心情滋长了厚厚的苔藓。他试图改变她，却被她深深缠绕，每一个晨昏周而复始地陪同她上演一出又一出腐朽的戏。

1929年1月19日，重病多日的梁启超先生与世长辞。遥想当年，志摩还是一个稚气未脱的少年，得遇恩师悉心教导，远游四海，增长见识，开阔胸襟。多少人生转折处皆蒙恩师指点，若非先生的栽培，亦无当下之成就。

北国那场纷纷洒洒的大雪覆盖了一切。人世所有恩情、功过，亦如一场雪，美若琼玉，融化之后却什么也没有。无论怎样叱咤风云的人物，也逃不过生死大限。帝王将相和百姓凡人无有区别，死后皆葬入山峰，随水成尘，所不同的，只是在历史上留个虚名。千秋万代后，终究还是会被掩埋，被遗忘。

人生之事没有多少可以真正自己做主。姻缘做不得主，事业做不得主，生死离合更做不得主。徐志摩自知如何相劝陆小曼皆是徒劳，与其将光阴虚耗在无益之事上，莫如潜心于文字修行，寻一处诗意，留一方净土。将芬芳的诗歌酝酿成一壶美酒，在失落落魄时饮上一盏，醉意陶然。

尽管他得到了生死相依的爱情，却违背了初衷。其实，若不是他心志坚定，一直行走在追寻的路上，必定受陆小曼感染，沉迷于声色。那时，和她日夜涂抹油彩、登台唱戏的人，与她斜卧烟榻、吞吐烟霞的人，则不是翁瑞午，而是徐志摩了。

但他无心于戏曲鸦片，他愿日夜在孤灯下耕耘，开创诗界的繁华与鼎盛。他虽知宿命难为，却不愿被命运所牵。他此一生所坚持的皆已得到，尽管梦想和现实有莫大的差距与隔阂，但他无有怨悔。

1931年春日和暖之时，徐志摩随好友陈梦家等人精心筹划的《诗刊》问世。于他来说，诗歌是纷扰人世里的一泓清泉，可以净洗一切浮尘，亦能够忘记哀伤。文字能够打动他内心深处的柔软之处，从而拒绝与乏味的生活妥协。

现实的生活让他没有更多的时间沉浸于诗歌。陆小曼的烟瘾愈发频繁，身体又迟迟不见好，每日抽烟喝药，样样离不得身。家里司机、仆人，以及奢侈的吃穿用度，让徐志摩疲于谋生。

## 二六章
### 生活修行

那时候,挣钱远比写诗更让他操心伤神。迫于无奈,他把更多的精力投向教书事业,时光都寄付课堂。尽管这是他热爱的事业,无论何时何境,他在讲台上都是幽默风趣,从容如流,但过于频繁的奔波亦让他心生厌烦和抵触。

倘若他所有的付出会有所回报,有所改变,亦未尝不可。他每日艰辛讲课,省俭用度,陆小曼则依旧任意挥霍,不肯收敛。他所有的痛苦疲倦,她皆无暇关心,她的应酬,她的鸦片,成了她此生挥之不去的依恋。

每个人都有一处灵魂的故乡,陆小曼的故乡在上海,徐志摩的故乡则是北京。迫于无奈,徐志摩辞去了上海和南京几处大学的教职,应胡适之邀,任北京大学教授兼北京女子师范大学教授。

他始终认为,他不该再将自己囚禁在上海,他要更换一片天空,在风清云朗的北京重新开始一切。为此,他苦心相劝陆小曼,愿她陪他北上,夫妻二人齐心再创家园。可陆小曼哪里肯听,她无意北国风光,也不愿迁徙,她对北京没有丝毫的眷恋。

她以病体羸弱,离不得上海华丽的生活,离不得翁瑞午的推拿按摩之术为由,拒绝北上。她亦不强留徐志摩,她宁可在烟榻上寻求人生的解脱，也不愿受丝毫束缚。她疲倦慵懒的身子唯有上海可以收留。

她不去北京，因为在那座城还居住着才貌双全的林徽因。那时的林徽因与梁思成夫妻和睦，共创辉煌事业，人人称赞。自问清高骄傲的陆小曼在上海的堕落生活早已人所尽知，她怎肯相随再去招人非议。

徐志摩对林徽因始终旧情不忘，只不过被搁在时光深处，不再提起。陆小曼也知他风流才子，红粉知己无数，但她始终无所顾忌，而林徽因的存在于她心中终究是个结。她可以容许徐志摩与别的女子随意交往，却不愿他和林徽因过于亲密。

如果说陆小曼因为阿芙蓉失去了往日灵性，旧时芬芳，但她对徐志摩的爱始终不曾更改。至少这一生，她认定的人只有徐志摩，至少她的心洁净如初，从未有过背叛。至少只有她，在徐志摩死后，数十年遗世掩门，孤独终老。

爱过的心像洗过一般干净。是的，陆小曼的心不被烟火呛伤，一直纯净美丽。她欠下的，用残余的光阴都还清了。不欠的，下一世人间自有人还她。

## 第二七章
## 山南水北

> 尘世间所有相逢都是一场生命的邀约。纵算你穷尽人海找寻到归依,却未必能一直陪你走下去,更莫说地老天荒,一世长安。

"问世间、情是何物,直教生死相许?天南地北双飞客,老翅几回寒暑。欢乐趣,离别苦,就中更有痴儿女。君应有语,渺万里层云,千山暮雪,只影向谁去?"

到底是诗词有心,仅仅几行字便可诉尽衷肠。人的这一生都在上演离合聚散的戏,被情爱所累,为情爱所误,被情爱所伤。

徐志摩执意去北京,亦是因为他太爱陆小曼,试图从困顿之境走出,给彼此重新创造另一片云天。他走得并不坚定,更不决绝,甚至有太多的依恋和不舍。

此番一别,山南水北,隔了茫茫人海,执手相牵都那么难。虽车旅方便,却到底束缚于时光,不能偎依相守。岂不知,徐志摩来到北京之后,仅半年时间,便南北往返八次有余。陆小曼则始终痴守上海,吃喝玩乐,尽情贪欢。

"胡家一切都替我预备好,被褥等等一应俱全。我的两件丝棉袍子一破一烧,胡太太都已替我缝好。"初到北京的徐志摩暂居胡适家。胡适一家对其虽悉心照顾,但毕竟寄人篱下,况孤身一人,相思煎熬,他每日每时都盼着陆小曼可以放下南方,北上陪他。

一破一烧的袍子,看罢让人心酸不已。曾经那位锦衣华服的少年公子,如今竟为了生活落拓至此。以他的能力及挣取的银钱,足以让他在北京城购置别院,过安逸的生活。但他将所有积蓄,所有银两皆寄回上海,供爱妻陆小曼享乐。

一贯视金钱为烟云的徐志摩不得不省俭度日,为了省下昂贵

## 二七章
## 山南水北

的车旅费,徐志摩坚持乘坐免费的邮政班机。他倾尽所能地为她买锦缎布绸,为她搜寻美食珍品。凡她所爱,他皆铭记于心,尽情尽意。可叹的是,陆小曼注定是个妖精,她使尽浑身妖术,只为了游戏人间。

徐志摩不求她做个凡妇,为他缝衣煮饭,只盼着她可以舍弃上海,与他在北京共建家园,相守良辰。"你能明白我的苦衷,放我北来,不为浮言所惑;亦使我对你益加敬爱。但你来信总似不肯舍去南方。""南方不知已放晴否?乘此春时,正好努力。可惜你左右无精神振爽之良伴,你即有志,亦易于奄奄蹉跎。同时时日不待,光阴飞谢,实至可怕。"

徐志摩每日做工挣钱,上课补课,写稿投稿,他甚至还做起了房产生意,只为挣取快钱,供陆小曼在上海的花费。他多企盼有一日她可以从纸醉金迷的生活中醒来,丢掉烟枪,和他携手天下,重新过草木清幽的日子。

陆小曼就是那样不知好歹,每日从起身到上床至合眼,都是吃。光阴流逝,她欢乐尚来不及,何来心思去潜心作画,写几段小楷,或是静心看一朵花开,听一夜细雨缠绵。她挥霍辰光比挥霍钱财还可怕,她时常沉迷在烟云中,忘了年岁,不记名姓。

徐志摩亦只能在信中诉说心中委屈，可她如何听得进去。"你真的不知道我曾经怎样渴望和你两人并肩散一次步，或同出去吃一餐饭，或同看一次电影，也叫别人看了羡慕。但说也奇怪，我守了几年，竟然守不着一单个的机会。"

当徐志摩带着一身尘埃从北至南匆匆返家时，陆小曼亦不肯放下她的应酬陪他穿行于古老弄堂，轻声私语，或偎依执手，看一窗月色。煮茶论诗，赏花观月，多么寻常之事，于她却艰难至深。就连相坐一处，安静地吃餐粗茶淡饭，看一次浪漫的电影，都成了奢侈。

他所有的努力，所有的奔波和等待，到底值不值得？陆小曼竟这般不肯依附于任何人，不肯有丝毫的妥协，就算是演戏衬景都不能。实难想象，以她的兰心蕙质，何以让生活过得那么糟糕，又何以让自己陷入那样的情境，负人累己。

又或许，对陆小曼来说，抽烟打牌、唱戏听曲，远比简单的生活更珍贵。为此，她不惜搁置爱情，不惜伤徐志摩的心，不惜让世人误解她、谩骂她，不惜预支所有的光阴来换取当下的快乐。

## 二七章
### 山南水北

"人家都是团圆了。叔华已得了通伯，徽音亦有了思成，别的人更不必说常年常日不分离的。就是你我，一南一北。你说是我甘愿离南，我只说是你不肯随我北来。结果大家都不得痛快。"

曾经的徐志摩只为寻求灵魂的伴侣，与之恩爱情长。如今的他则奢望做一对凡尘中的烟火夫妻，只要朝夕相看，同桌同食。人生真的好讽刺，张幼仪可以将一生所有的时光都倾付给他，他却给不了她丝毫的爱。他的爱给了陆小曼，陆小曼却给不起他平淡的爱，给不起他朴素的安稳生活。

世间所有一切都是命运使然。陆小曼实则是个不爱富贵金钱的人，又或者说，她所做的一切，所迷恋的一切，皆是她的本性。她自小富贵无忧，不知人世疾苦，她只管自己花费，不问银钱来处，更不问所买何用，是否真的需要。

以至于多年后，她生活窘迫，吃药、抽烟，苦不堪言。生活只有切身体会方能知晓穷困的繁难与不安。那时，她想要的，徐志摩皆为其安排，为其打点。他看似一位浪漫柔情的诗人，却倾尽余力为她挡风遮雨，为她落入红尘，不计一切。

陆小曼花钱无度,是她根本就不懂如何支配经济,纵是想要省俭,亦无那份能力。徐志摩被相思负累,更为金钱愁烦,沉重的生活让诗人整日踌躇难安。在写给陆小曼的信件里,除了刻骨铭心的想念,便是理之不清的数目。

"钱的问题,我是焦急得睡不着。……我自阳历三月起,自用不算,路费等等不算,单就付银行及你的家用,已有二千零五十元。……眉眉,你如能真心帮助我,应得替我想法子,我反正如果有余钱,也决不自存。我靠薪水度日,当然梦想不到积钱,唯一希冀即是少债,……你我是天成的一对,都是不懂得经济,尤其是时间经济。关于家务的节省,你得好好想一想,总得根本解决车屋厨房才是。"

那个生命中原本只有文字诗情的男子,如今却愿整日为了凡庸的数字而不厌其烦地算计,拼拼凑凑过日子。往昔的墨香渐渐被铜臭所取代,他心有苦楚,却不生哀怨。数年来流转漂泊,尝尽世海沉浮,为一场爱恋亦受尽冷眼浮言。

为了情爱,他自是无悔。只盼着,今日一切随风而逝,终有守得云开见月明之时。有那么一天,陆小曼也会倦累了应酬,倦累了奢华,而期待过上朴素的日子。一如她这一生素布蓝衣,不

## 二七章
## 山南水北

浓墨重彩，不修饰雕琢的人生。

她何尝不愿安稳度日，只是生活给了她太多迷离的幻象，让她误入其间，始终不得走出来。若说她是一杯毒酒，中毒最深的那个人当是她自己。她前半生享尽人间欢愉，有过一掷千金的痛快淋漓，后半生亦承受过人间悲苦。

徐志摩离世时，她不过二十九岁，一个人拖着病体残身，为他编文撰稿，为他闭关修行。除了喝药和一时间戒不掉的鸦片，她再不奢侈浪费，上海滩的舞场亦再也看不到她的身影。她的所作所为并非是为了赎罪，而是心死枯寂。

但此时，仗着徐志摩的恩宠，她肆意妄为。二十几岁的女子正值灿烂年华，况她妩媚倾城，自小被娇惯荣宠，何来心情去思虑太多。她离不开上海亦是情有可原，她的病体，她的鸦片瘾，她之前为了这段爱所遭遇的种种，皆是不幸。

她不过是想藏身在这处世事不侵的洋房里，不去理会外界的风雨。她不过是想自尊自傲地活着，她内心的落寞与痛楚又岂是别人所能体会。她并非无情之人，而是太多情、太随性，不知如何妥帖地安排自己，安排别人。故借着奢侈的生活来填补灵魂的空虚,却不知与梦想擦肩,越走越远。

尘世间所有相逢都是一场生命的邀约。纵算你穷尽人海找寻到归依,却未必能一直陪你走下去,更莫说地老天荒,一世长安。

## 第二八章
### 漂泊流转

> 都说,若是重来,定会珍惜每一次相遇,每一段缘分。可流去的时光不可回头,纵算重来,亦会有许多不可避免的遗憾和预料不到的结局。

守住初始简单的爱方是幸福。之后所有的过程,所有的修饰,所有的删减,都回不到当年的纯粹的爱。为了一段情跋山涉水、万劫不复,誓死换取的幸福又为何这般不知珍惜?既然是相爱,又为何要相负?人生果真是一出戏,不知是别人演技太高,还是自己入戏太深?

时光还在，你还在，我如何敢轻易背誓弃约？他们没有背叛，只是被无涯的岁月弄得流离失所，辗转难安。陆小曼始终在上海滩挥霍，挥霍钱财，挥霍青春，挥霍灵性。徐志摩每日为钱所迫，写信盼着陆小曼可以放弃上海的一切，伴他似水流年。

他省俭过日，为了钱困顿落魄，几件旧衫频繁换洗。他所有的钱还不够支付上海的家用，于北京则是寄人篱下。纵是返回上海，陆小曼对之亦是疏离冷淡，脸上再无以往的热意和柔情。而徐志摩则依靠那点薄弱的爱始终对她千依百顺，他的无限纵容让陆小曼更加随性妄为。

人间春色、万物生灵皆有着不可言说的美丽和绿意。而世事却纷乱起伏，让人心思难定。林徽因的肺病日趋严重，她不能再操劳事业，移居香山双清别墅静养。虽是静养，素日里相交的文友时常去山间探视，三五知己聚集一处，煮茗论诗，亦算是雅致静好。

香山双清院的日子当为徐志摩最为珍惜的光阴。而山中清新的风景，淡雅素净的林徽因，亦为他灵感的源泉。徐志摩曾说过，也只有和林徽因在一起，才可以让自己的灵魂真正释放。那时候方能看到徐志摩久未流露的笑容以及隐藏起来的浪漫。尽管

## 二八章
### 漂泊流转

他内心牵挂陆小曼,爱着她,但他们之间不知何时开始有了停止不息的争吵。

林徽因是温和的,可以抚平他的哀伤,他的疲倦。他原只是爱慕陆小曼的风情妖娆,可如今却企盼她可以简净安然。他愿用所有的热烈换取此时的平淡和未来的安稳。幸福是多么奢侈,人在无奈时会有太多不确定的抉择,这些抉择会影响以后的一切。遗憾、痛苦、烦扰以及后悔,都会如约到来。

后来,林徽因所在之地则成了徐志摩心灵的休憩之所。无论是凡城闹市,还是名山胜境,只要有林徽因在,则无忧患、无烦喧。她永远那般清澈如水,风日静美,在人间四月,那么飘逸,又总不生情愫和挂碍。

无论日子多么糟糕,多么不如意,他始终在过着。徐志摩是一个坚韧的人,这般无有尽头的付出不知道还能坚持多久,但他决不轻言放弃。世上最让他无法割舍的还是情爱,是那萦绕一生,消散不尽的缘和劫。

一场突如其来的劫数灾祸让原本错乱的心情更加悲痛。母亲病逝,这位人世至亲至爱之人就这样仓促离开。尽管在一起相伴相守的时光那么短暂，但生养深恩朴素庄严，当永世不忘。

多年来，他如荡子漂泊不定。母亲的牵挂一路相随，虽亦守孝知礼，却到底心中有愧。他对张幼仪的辜负，一直让父母烦忧、痛心，他和陆小曼的情结也让双亲伤心恼怒。但善良的母亲终究原谅了他所有的过错，接受他生活的全部。

世间唯父母之爱无私伟大，只问付出，不计回报。倘若不是陆小曼傲气，不肯俯身低眉，徐申如亦不会那般气恼地断了徐志摩的金钱，让他如此奔波。又或许，生活从容，他可以闲庭信步，就不会发生后来那样惨烈的悲剧。

母亲只是一个寻常的江南水乡女子，有着中国传统妇人的勤劳和美德。她此一生安分持家，相夫教子，用她柔弱纤细的双手托起徐家的天下。人生一世，草木一秋，看似漫长，实则简短，再完美的一生也会存有遗憾。生死瞬间，带不走依恋不尽的世情，只是过往种种亦在顷刻归还天地。

回到故乡硖石，宅院一切景物楼台如故，只是人事流转改变。母亲的音容笑貌一直都在，不会走远，她的千恩万情此生也无以回报。怪自己半世匆匆漂流，一直在行走，不能承欢膝下，

## 二八章
漂泊流转

晨昏定省。他多情深情,唯独对父母有太多的淡漠和亏欠,一旦辞别,天上人间再也没有机会偿还。

都说,若是重来,定会珍惜每一次相遇,每一段缘分。可流去的时光不可回头,纵算重来,亦会有许多不可避免的遗憾和预料不到的结局。愿来生,她行走在红尘路上,亦可步步生莲。

陆小曼随之赶来硖石。这个地方,她一生只来过寥寥几次。唯独新婚那简短的两个月真的愉悦欢喜过。这个宁静的江南小镇原本让她感觉亲切而美丽,因为她今生至爱之人生长于此。可每一次,徐家二老的排斥、冷落,让她心生寒凉、疏离。

徐志摩母亲病逝,陆小曼吊唁戴孝,却被拒之门外。她温热的心被无情地撕扯,对徐家来说,仿佛她从来就是那个多余的人。她可有可无地存在着,以一个虚拟的身份,不被认同和接受。世俗像一把利剑,宰割着她的自尊和骄傲,亦粉碎了她残余的一点热忱。

张幼仪的地位永远高于一切,徐府上下对她的尊重远胜过对陆小曼的。陆小曼在上海的种种事迹,她的自甘堕落,她的风尘招摇,人所尽知。于她,硖石不过是一个客栈,曾经她和徐志摩居住的中西合璧式的二层楼婚房亦格外陌生。诗意安稳的时光随着那场突如其来的战火一起焚尽,荡然无存。

可徐志摩依旧护着爱妻,愿为她做主。母亲离世,他已是悲恸万分,父亲如此不通情理,让他更觉烦闷。为了维护陆小曼的颜面,徐志摩不惜和徐申如激烈争执,告知他,不尊重陆小曼便是不尊重他。最后,父子二人不欢而散。自此,徐申如对陆小曼更无好感,而陆小曼也哀莫心死,对硖石再无眷念。

她依旧回到她的上海滩,如意尽欢。而他则回到北京,为了钱继续奔波,褪不去一身铜臭。他说:"母亲去世,我奔波往返,如同风里篷帆。身不定,心亦不定。"他多想有个安稳的家,哪怕白日奔劳,只要回去时,有爱妻于身边,暖茶热饭,温存软语,亦不惧千灾百难。

"曾经沧海难为水,除却巫山不是云。"那个秋天,恰逢陆小曼生辰,徐志摩为她写下最后一封信,感伤之情令人痛惜。人生有太多无法预测的故事,与子偕老,但谁也不知道同你白头的那个人会是谁。他们之间虽有矛盾和争闹,但也算得上恩爱夫妻,有过生死相随的诺言,彼此用尽了真心。

## 二八章
### 漂泊流转

"今天是九月十九日,你二十八年前出世的日子,我不在家中,不能与你对饮一杯蜜酒,为你庆祝安康。这几日秋风凄冷,秋月光明,更使游子思念家庭。又因为归思已动,更觉百无聊赖,独自惆怅。遥想闺中,当亦同此情景。今天洵美等来否?也许他们不知道,还是每天似的,只有瑞午一人陪着你吞吐烟霞。……我真是想你,想极了。"

这该有怎样的度量方能忍受陆小曼如此任意妄为、不懂自爱。她的不知避嫌,她的固执己见,以及这天南地北的相思,让他心痛难当,无法消遣。他愿为了爱继续忍受,等待有一天,陆小曼可以心静安然,伴他暮暮朝朝。

可他再也等不到那一天了,他以为于人世还有漫长的路程,有足够的时间让他去等待,去爱。却不知尘缘有限,生死早定,有些人可以百岁长安,有些人则只有短短的三秋十载。在劫难面前,你无法不去低头,纵有翻云覆雨之能,亦不可更改历史的结局。

他曾经写过那么一首诗,叫《云游》。他此一生愿幻化为云,自在轻盈,飘逸无羁,可以飞渡千山暮雪,穿越唐诗宋韵,去看一场秦时明月,去感受一阵汉时的风。若说有梦,他今生圆的梦则是幻作烟云，无形无迹，不生不死。

## 云游

### 徐志摩

那天你翩翩的在空际云游，
自在，轻盈，你本不想停留
在天的那方或地的那角，
你的愉快是无拦阻的逍遥。
你更不经意在卑微的地面
有一流涧水，虽则你的明艳
在过路时点染了他的空灵，
使他惊醒，将你的倩影抱紧 。

他抱紧的只是绵密的忧愁，
因为美不能在风光中静止。
他要，你已飞渡万重的山头，
去更阔大的湖海投射影子！
他在为你消瘦，那一流涧水，
在无能的盼望，盼望你飞回！

## 第二九章
### 幻灭无形

> 任你有多少不舍,多少挂牵,离去的瞬间皆挽留不住,皆要放下。有些人注定要以悲剧的方式来结束一生,方能无恨无憾。

折一束桃花插瓶,把烂漫春光带回家,桃花艳丽多姿,纵是落于室内,亦不肯沉静,依旧开得不管不顾,难舍难收。但再华丽旖旎,终有败落之时,一如世上的富贵荣华,一如明净敞亮的人生,终有尽头。

如此春光、皓月以及诸多美景静物,又该给浪漫诗人添多少诗料。但诗料里最不可少的则是情,再添些恰到好处的世故,则更有人事之味。凭栏看月,倚栏赏梅,只觉尘世忧患亦是清和曼妙的。

只是,再繁盛的宴席都会有散场时,每个人在尘世走过一遭,随缘来去,如萍聚散。任你有多少不舍,多少挂牵,离去的瞬间皆挽留不住,皆要放下。有些人注定要以悲剧的方式来结束一生,方能无恨无憾。

徐志摩平生最崇拜英国的雪莱,他羡慕雪莱覆舟的死况,并说:"我希望我将来能得到他那样刹那的解脱,让后世人谈起就寄与无限的同情与悲悯。"

倘若真是这般,那他今生亦算如愿以偿,自当无憾。你如此怅然失落去追忆,去感叹他生命的短暂,去怪罪那场意外,岂不知那是他梦寐以求的结果。他这一生喜爱自由、浪漫和情感,也曾纵身万里层云,天涯放逐,却一直被命运所缚,不曾真正自在快意。直到与世诀别前,他还是被俗世纷繁所惊扰,从来不可随心尽意。

许多人将这场惨祸归咎于陆小曼。其实她也只是一个寻常的

## 二九章
### 幻灭无形

女子，只是多了一些骄纵和任性，她没想过要伤害谁，也不想取悦谁，她只想认真地过自己的日子，做自己的主人。他们亦是平凡的夫妻，恩爱过，吵闹过，缠绵过，又折磨过。但这一切过程并不是为将来的结局做铺垫，绝不是。

或许是徐志摩无法承担世间的爱与苦，又或许真是如他所愿，只求刹那解脱，连恐怖和悲伤都没有。尊贵的生命不在于长短，他的来去当是不由自主。此后再不必为谁红尘辗转，亦无须辛苦仓皇。

那一年，他采完香山最后一枚红叶，吟完最后一首诗，参加完人生最后一场宴会，便悄然告别。那日，恰逢林徽因从香山休养归来，设了一场接风宴会。宴席上，诸多文友相聚，笑语欢声，热闹喧哗。

宴会结束，徐志摩与林徽因辞别："过几天我回上海一趟，如果走前没有时间再来看你，今天就算给你辞行了。"

林徽因道："11月19日晚上，我在协和小礼堂，给外国使节讲中国建筑艺术。"徐志摩听后，告知一定前来赴约。这些年，他们之间始终保持着一种亲近，一种默契，与林徽因相关的一切,徐志摩必然在意。

他们之间来不及交换最后一个眼神,亦来不及再说更多的话语,谁也不能预料,简单的一次离别竟从此天人永隔,此生再不复相见。诺言还在,那个一直守信重诺的人已经无法兑现。

临去上海前,徐志摩还在纸条上给林徽因留言:"定明早六时飞行,此去存亡不卜……"为此,林徽因心感不安,致电徐志摩,怪他不该说如此不吉利的话。可徐志摩则不以为然,只称信口而说。他不知道一语成谶。他躲过了那个早晨,却没有逃过几日后的那趟飞机。

回到上海这个早已没有温暖的家里,装饰华丽奢侈,却烟雾萦绕,令人心生反感。这是陆小曼的梦庄,是徐志摩的愁城,他们在这里早已心事背离。多少荣宠恩爱,多少争吵折磨,多少快乐痴绝,多少悲伤惆怅,都在这里发生过,亦行将成为过去。

他们有回不去的当初,也有了却不尽的愁怨。古人云:不是冤家不聚头。自相识相爱后,他们经历飘摇风雨,终相守相牵,可偎依时,亦有纠缠不清的恩怨,有避无可避的烦恼和争执。他们都倦累了,都在等待一种终结的方式。

## 二九章
### 幻灭无形

或许,太过刻骨的爱反而会生出刻骨的怨。如果一直平淡相处,如白水那般静美清和,也许可以相安无事,细水长流,携手一生一世。他们用情的方式皆如烈日繁花,执着热情,势不可当。

这一次,他们又因琐碎之事争吵得异常激烈。争到怒处,陆小曼听不进劝,大发脾气,随手把烟枪往徐志摩脸上掷去,徐志摩闪避,幸未击中,金丝眼镜掉于地上,玻璃碎了。

可后来据翁瑞午的女儿翁香光说,陆小曼性情颇为温柔,和徐志摩争执是真,用烟枪打徐志摩眼镜之事不过传闻,况陆小曼对徐志摩生活起居一向不干涉。

当日的真相不得而知,亦无须知晓。总之,徐志摩是带着悲伤、落寞,甚至失望的心情离开上海的。他对上海这座城早生厌倦,这座烦喧拥挤的城以及城里居住的这个妖精让他精疲力竭。爱到深处无可奈何,亦该无怨悔,却心有恼意,但求释怀。

他去了南京,独自一人无心赏悦金陵胜境,秦淮画舫,只暂住张歆海和韩湘眉家中。好友相聚,几盏佳酿,诉说衷肠。虽心中积怨,但徐志摩到底是洒脱之人,更不会因为夫妻的争吵而心灰意冷，低沉下去。

一夜过去，万事皆安。本打算坐张学良的飞机回北京，临行前接到通知说因事改期。为守承诺，为赴林徽因的演讲，徐志摩不做停留，匆匆搭乘了一架邮政飞机，并在登机前给陆小曼发了一封短信："徐州有大雾，头痛不想走了，准备返沪。"

但徐志摩不想失约，忍着头痛，执意乘机北上。他没能抵达北京，并再也没有返回上海，他失约于林徽因，失信于陆小曼。他选择在瞬间化作烟尘，和清风明月做了永远的知己。

那架飞机于1931年11月19日在济南南郊党家庄附近触山爆炸，坠入山谷，机上连同徐志摩共三人，无一生还。他不过三十五岁，正值盛年，却薄命至此。人间多了一出惨剧，多了一段遗憾，亦多了一段悲情。

一切没有任何的预知，又分明早有了不祥的预兆。他如此决绝，是红尘没有安身之所，迫使他甘愿自在为云，洒脱来去。还是他为了和林徽因那场没有结局的爱，用死亡的方式令她铭记于心。又或是，他以此来惊醒醉生梦死的陆小曼，让她回头是岸。

## 二九章
### 幻灭无形

"轻轻的我走了,正如我轻轻的来;我轻轻的招手,作别西天的云彩……"他多年前的一首漫不经心的吟咏竟成了诀别之作。他的诗歌散作云天,每个人驻足皆可观之。他的躯体,他的灵魂,无形无魄,无迹可寻。

他自是洒然快意,衣袖一挥,却将无尽的悲痛、悔恨、遗憾和怀念留给活着的人。这世间,最让人承受不起的该是生离死别。他看似潇洒而去,乘鹤而舞,亦有说不尽的难舍和不甘。

他曾说,这一辈子有过一春,不曾虚度。这个誉满文坛的诗人,这个风流多情的才子,看似短暂的人生,却当真不曾虚度。他留于世上的诗文,他落于人间的情缘,足以让众生为之怀想、追忆一生。

生死没有商量,爱恨没有商量,聚散没有商量。你一生奔忙,一生算计,一生筹备,皆会因为一场突如其来的灾劫,或是某种不可言说的意外,而付之东流。人生是无数个春夏秋冬的汇聚与交织,人生也是午后到黄昏的距离。

千般不舍,万般恩怨,无奈、痛苦、繁难以及尘世种种得失,皆随他葬身于悠悠山谷,漫漫云端。尘世间的一草一木、一山一河历然皆在，多少沧桑喜忧在其间，终是各自安身立命。

我爱山中岁月、天上云霞，更爱这人世红尘、乱花飞舞。多少成败兴废，圆缺聚散，花开水流，皆真实有情，纵算时光如流，也甘愿慢慢老去，慢慢老去。

## 第三十章
### 缘有尽时

> 多少白昼静长的光阴就这样一去不返。看枝上花，水中萍，天上月，一物一情，一幻一灭，生者喧闹，死者寂然，爱无深浅，缘有尽时。

"此情可待成追忆，只是当时已惘然。"今生所有邂逅的情缘都是前世的劫，之后无常聚散，离合生死，且随天命。

他已魂飞魄散，如云若霞，与风相携。那些途经他生命的女子依旧守着民国世界，在低过光阴的窗檐下端然静好。她低眉提笔，美如菡苕。她素衣翩然，执扇而舞。而她则安于厨下，捧案齐眉。和暖春阳，花枝敛斜，一切都如初时，一切平淡安定。

那日，林徽因在协和小礼堂的演讲精彩绝伦。可她心中一直隐隐不安，徐志摩是守信之人，迟迟没来赴约，定是生了事端，加之徐志摩临行前留下的字条，更让她生出不祥之感。

当梁思成告知林徽因徐志摩飞机失事的消息，她当场昏厥，久久不能缓和。这么多年，她假装若无其事，此时，她的若无其事瞬间瓦解消散。她曾说过，她懂得徐志摩对她的爱意，只是怎能去应和。可她用一生的时光也没有走出徐志摩的影子，她看上去春风得意，背后却隐藏了不为人知的寂寞和悲凉。

理智和情感，两不相容，幻想和事实，相互抵触。任她聪慧自醒，亦不能巧妙地躲过情劫。她让梁思成带回了一片飞机的残骸，此后视若珍宝，挂于卧室的墙壁上，与之日夜相望。过往的知心知交，她能为他做的也只有这些了。

陆小曼曾说起，在徐志摩坠机的那日中午，悬挂于家中客堂一只镶有徐志摩照片的镜框突然掉下来，相架跌坏，玻璃碎片散落在徐志摩的照片上。她当时预感此为不祥之兆，只觉心慌意乱，次日便闻得志摩丧生的噩耗。

## 三十章
### 缘有尽时

她曾多次规劝徐志摩不要坐飞机，但他还是落于险境，葬身山谷。人生祸福相依，纵是知道结局，也无法精确地安排过程，躲过灾难。生死有命，多少人将徐志摩的死归咎于陆小曼，怪她红颜祸水，怪她不肯依附徐志摩，独自萎靡于上海，累他南北往返，遭此不测。

徐志摩之死，惩罚最重、伤得最深的人是陆小曼。但她无力回应，只默默承受骂名，忍受死别的悲痛，屈辱苍凉地活着。她曾说："志摩之死，死于林、死于情者也。"她并非想把罪责推给林徽因，只是感叹徐志摩一生多情，落得为情而生，为情而死的下场，虽可悲，亦可敬。

这情，对林徽因有，对陆小曼也有。倘若她不曾和上海纠缠不清，愿意从容放下她的烟杆，离开翁瑞午，离开纷乱的戏台，和徐志摩于北京安家落户，或许可以避免这场意外。事已至此，后悔莫及亦无用，陆小曼却为徐志摩的死，带着罪孽，负累了一生。

她悲痛之情无以言表，她写挽联，不死只因母亲尚在，留于人间只为编就遗文，报答君恩。她虽值盛年锦时，却当真无有眷恋。人生有情亦有恨，她自此情了，恨无尽意。

多少前尘成噩梦,五载哀欢,匆匆永诀,天道复冥论,欲死未能因母老。

万千别恨向谁言,一身愁病,渺渺离魂,人间应不久,遗文编就答君心。

她写《哭摩》,漫长的篇幅,句句伤情,字字血泪。"你我五年的相聚只是幻影,不怪你忍心去,只怪我无福留,我是太薄命了,十年来受尽千般的精神痛苦,万样的心灵摧残,直将我这一颗心打得破碎的不可收拾到。……好在人生的刺激与柔情我也曾尝味,我也曾容忍过了。现在又受到了人生最可怕的死别。……从此我再不能知道世间有我的笑声了。"

因缘聚散,早有定数。他用五年的时光宠爱她,她却用余生所有的岁月偿还赎罪。她何罪之有,只是放不下尘缘,甘愿为情倾尽一生。自此,如浮萍般漂游于世间,无根无蒂,不得善终。

她断绝红尘,素服一身,闭门谢客,孤独老去。她只守着他们的家,数十年如一日,不问晨昏,不知悲喜,忘记年岁,对容颜更不修饰,淡饭粗茶,艰难度日。以往做不到的一切事,自徐志摩离世后,她都做到了。

## 三十章
### 缘有尽时

她为他修文撰稿,铺纸研墨,抄诗写词,画河山花木、鸟兽飞禽。她卧室里悬挂着徐志摩的遗像,并每日摆放鲜花,供养他的魂灵。她说:"艳美的鲜花是志摩的象征,他是永远不会凋谢的,所以我不让鲜花有枯萎的一天。"

"肠断人琴感未消,此心久已寄云峤。年来更识荒寒味,写到湖山总寂寥。"她的荒寒与寂寥,他自是听不见,亦无法感知。但她始终觉得他的魂灵一直在,于春花春水时,于秋风雨夜,他一直在,伴她晓风霜月,美景良辰。

张幼仪托付儿子徐积锴前往飞机失事之地将志摩接回,免他游荡流离,魂魄无归。黄泉碧落再无相见时。世人都觉徐志摩辜负了张幼仪,可她早无怨悔,恨一个人远比爱一个人要疲累许多,她选择无爱无恨,清淡自处,亦是她于人世生存的方式。

死生契阔是别人的诺言,纵算你修行千年,也未必能够换来那样一个人陪你走到最后。随意一次转身,便将一切往昔、一切恩情毁于无形。若是光阴重来,他可愿做耕夫,她做织女,于小镇山林栽菊种梅,简朴一生。

他自是不愿,宁肯在诗坛停留一日,也不愿于凡尘平淡百年。他是一个依靠诗歌、依靠情爱而活的人，只怪天意浩荡，无处躲藏。天下万物让人亲敬感激，也让人疏离生恨。他抛弃闲愁，缘尽情了，无有过错，无有交集，亦无缺憾。

一代诗人，羽化成仙。带走了浪漫和自由，留下消散不尽的墨香，流经民国乱世，落入江河湖海，生生不息。他的故事被无数人记住，又被无数人遗忘。他浩然如山河，又渺小若尘埃，他笑傲风云，又寂寥如水。

他被葬于浙江硖石，那个生养他的小镇，有美好温情的记忆相伴，有祖母的呵护，有山寺的佛祖庇佑。草木有灵，难解人情世故，不知喜怒聚散。他一生离不得情爱，终只是死生茫茫，千里孤坟，无处话凄凉。

多年后，陆小曼孤身葬于苏州东山太湖旁，与之遥遥相望。他们相依相守的承诺抵不过山迢路远的风雨时空。他们的情事在民国世界如梦亦真，相知相忘。说好的永远还是被时光冲散了，明明一起经过风雨，拼尽爱恨，却过不得平淡安稳的日子。

徐志摩这样的人物，我原是不爱的。读罢一生，却生出悲悯感动。短暂的今生今世让我内心多番起伏难安，心事难说。一桩

## 三十章
### 缘有尽时

又一桩的情缘亦是不由自主。我到底是局外之人,怎可事事尽意。况我于他终是陌上行人,斜阳晚照,连真实擦肩的机会都不曾有过。

不知何时开始,我被放逐在民国世界,陷于他们悲欣交集的人生里难以脱身。烟雨弥漫,落英缤纷,不敢轻易离开,又不能入戏衬景。着一身素色旗袍,伴随民国的才子佳人,徐徐缓缓地走过了简净又深邃的一世。写尽了别人的爱恨纠缠,遮掩不住的是自己的寂寞悲凉。

人间事,百年亦觉得短,寸时亦觉得长。天下众生,只要身有所寄,情有可依,便是庄严喜乐。多少白昼静长的光阴就这样一去不返。看枝上花,水中萍,天上月,一物一情,一幻一灭,生者喧闹,死者寂然,爱无深浅,缘有尽时。

## 附录一
## 徐志摩生命中的三个女人

### 开到荼蘼花事了——张幼仪

"开到荼蘼花事了,尘烟过,知多少?"荼蘼花开于春暮夏初,韶华胜极,却也是群芳凋谢之时。《红楼梦》里贾宝玉的丫鬟麝月抽到了一支花签,花签的名字则为荼蘼。花为美人,以花喻人,预示人的命运。

那是个温暖的夜晚,群芳夜宴,金钗云集,清歌纵饮,不胜欢喜。她们抽到的花签,其中的诗文皆暗示了其一生的命数。宝钗为艳冠群芳的牡丹,黛玉则是风露淡愁的芙蓉,湘云为香梦沉酣的海棠。每个女子都是一位花神,不论朝代,不论出身,以花为媒,以花相聘,只为寻到前世的自己。

## 附录一

### 徐志摩生命中的三个女人

不知为何,在我心底,徐志摩的发妻张幼仪就像一树荼蘼花。开在篱畔小院,或于山径路旁,见过往的君子皆不躲不避,自然大方。其实,张幼仪乃贵族小姐,当是长于幽深庭园的芍药或牡丹,端庄素雅,不与人争。

倘若没有徐志摩,张幼仪只是民国世界里寻常的官家富商女子。在韶华之时,嫁一良人,为其平凡生养,富贵温柔,一世长安。可她偏生结缘于徐志摩这位风流倜傥的江南才俊,致使命运有了莫大的徙转。她的名字亦因为和徐志摩的这段情缘而被许多人知晓,记起。

佛说:"一切有为法,尽是因缘合和,缘起时起,缘尽还无。"张幼仪和徐志摩到底有这样一段尘缘,世间万千男子,偏偏遇见的是他。别人眼中的良缘,于她自是欢喜不尽,而他却惆怅寥落。

浙江都督朱瑞的秘书张嘉璈去往杭州视察,闻得府中才子徐章垿的盛名,对其学识和容貌甚为赞赏。张嘉璈想起正在女子师范学校读书的小妹张幼仪,年方十三,品貌端淑,与徐章垿当是郎才女貌,天赐佳缘。

其父张祖泽为上海宝山县巨富,显赫家世,书香门第,与海宁硖石富庶的徐府亦是门当户对。徐志摩之父徐申如对张幼仪这样的大家闺秀甚为赞许，于是欣然答应了这门亲事。

张幼仪十六岁便辍学做了徐家的少奶奶，居富贵门庭，又得公婆欢心，仆人拥戴，这位朴素有情的女子本以为可以在这座古老宅院里相夫教子，度过安稳的一生。可她却得不到丈夫的宠爱，甚至连一份相濡以沫的感情都没有。

徐志摩初次见到张幼仪照片时，只是撇撇嘴，不屑道："乡下土包子。"他是一个追寻浪漫和自由的人，任何的束缚，任何的安排都令他心生厌烦。若非父母之命，媒妁之言，徐志摩断然不会接受张幼仪。在徐志摩心底，张幼仪只是一个寻常的女子，家世容貌虽无可挑剔，却不能令之惊心。

那时的徐志摩对人世情感亦是懵懂不知。但他知道，绝代有佳人，当倾城倾国，或是在水一方，清雅出尘，并非像张幼仪这样的端庄女子。她不风流灵巧，也不烟视媚行，又偏偏那样贤惠识体，让人无法拒绝，只好婉从。

可徐志摩的心里对之一直抵触，乃至洞房花烛夜，他亦无丝毫欣喜之感，只觉在履行人夫的责任和义务，以后山长水远的日子也不去多想。她对他温柔体贴,恭敬顺从,尽心尽意,他则是冷语相待,吝啬他的温情和笑容。

他本风雅少年,踌躇满志,她平凡的爱又怎能挽留他的心,他自当为了前程洒然远去。而她此生只要有枝可依,能够以他妻子的名分守着硖石古镇,为其生儿育女,孝顺父母,便心满意足。

她就是这样的女子,对生活循规蹈矩,对情感逆来顺受。她以为,只要安心等待,终有一天可以换来相伴相守。她以为,所有的委曲求全都会得到果报。然而,这样一个旧式女子却被这样一段旧式婚姻所伤害,以致后来被丈夫抛弃在异国他乡,流离无主。

张幼仪是无辜的,她为徐志摩生下长子阿欢,空守寂寞,无怨无悔。本过着安好岁月,又听命于徐家二老的安排,不辞万里去投奔两年未见的丈夫。她的到来是为了照料他的生活起居,为了安抚一颗游子孤独的心,没承想成了他的负累,成了他迫不及待想要擦去的过往。

"我斜倚着尾甲板,不耐烦地等着上岸,然后看到徐志摩站在东张西望的人群里。就在这时候,我的心凉了一大截。他穿着一件瘦长的黑色毛大衣,脖子上围着条白丝巾。虽然我从没看过他穿西装的样子,可是我晓得那是他。他的态度我一眼就看得出来,不会搞错的,因为他是那堆接船的人中唯一露出不想到那儿的表情的人。"

她漂洋过海去寻他,他没有丝毫的怜惜,反而冷眼嫌弃。在那间属于他们的小屋里,她尽其所能地为他料理家务,顾他饥冷朝夕。他明知她举目无亲,言语不通,却仍旧负心薄幸,对她弃之不理。

她诚惶诚恐,步履维艰,又怎知道那时他的心里早已住着一个林徽因。那是一位才貌双全的绝世佳人,她的端然温顺与林徽因的清新脱俗相比太过微不足道。他的情感给了美丽的康桥,给了林徽因,哪怕一个狭小的角落也不属于她。

他要离婚,要给林徽因一个完美的答案,全然不顾她怀有身孕,不念夫妻情分,将她独自抛弃在出租小屋,不再问津。她度日如年,他冷漠相待,甚至让她把孩子打掉,不想再有更多纠缠。为了追随他梦中的女神,他不能心慈,亦不能回头。

她在绝望无助时去了德国柏林,在那里寻得安身之所,生下次子彼得。尝尽人世冷暖苍凉的张幼仪不敢再怯弱,在这陌生的异国,她必须独自承担更多的风雨。徐志摩来了,他的到来不是为了探看他们母子,而是为了斩断前缘。

她虽心痛，亦有不舍，却无悲意，于离婚协议上签了字，只觉如释重负。放手是对别人的尊重，更是对自己的慈悲。张幼仪这样说徐志摩："徐志摩把脸贴在窗玻璃上看得入迷。……却始终没问我要怎么养他，他要怎么活下去。"

他们之间有的也只是一纸债约，断了过去，亦无相欠，也无瓜葛。她心从容，也无怨念，所有的伤害只会令她更加珍爱自己。她说："我是秋天的一把扇子，只用来驱赶吸血的蚊子。当蚊子咬伤了月亮的时候，主人将扇子撕碎了。"

这场情感之争，张幼仪输了，输给了林徽因，输给了光阴，却没有输给自己。她收拾残乱的心情，入裴斯塔洛齐学院攻读幼儿教育。然她再次遭遇命运无情地相逼，三年后痛失爱子彼得，后辗转回国，与长子阿欢相依相守。

张幼仪留在了上海，于东吴大学教德语，后在张嘉璈的支持下出任上海女子商业储蓄银行副总裁，并与八弟张禹九等人在静安寺路开了一家云裳服装公司，她出任公司的总经理。

时过境迁，她再也不是当年那个安于江南小镇，煮茶烧茶，俭约持家的凡妇。她的世界早已风云不尽，而这一切所得皆是用沧桑历程换取的。倘若可以，她宁愿选择做徐志摩的妻子，在硖石古镇侍奉公婆，相夫教子，平淡安逸地过完一生。

徐志摩给不起她这样清淡的相守，他需要爱和自由。尽管他没有拥有林徽因，但上苍赐予了他另一个极致的女子，陆小曼才是他飘萍人生最后的归依。而张幼仪的心已平静淡然，新中国成立前夕，她赴香港，邂逅了一位中医医生，并和他结婚，过上了她梦里期待的简约日子。

他们之间没有爱情，却风雨相伴十八载，情义兼顾。苏医生过世后，张幼仪迁往美，后病逝于纽约，享年八十八岁，算是个福寿双全的女人。她的人生是幸运，也是不幸。炎凉世态皆已尝遍，她没有沉湎过去，没有困于悲伤，而是让自己走出晦暗时光，重新遇见旖旎风景。

她是个宽容良善的女子，柔弱亦坚韧。在交错纵横的行途中，她为自己遮风挡雨，为自己花开荼蘼。她的美是端然，是朴素；她的爱是大爱，是无言。她的人生飘摇不定，她的心却始终沉稳如一。这样的女子让人觉得踏实，觉得安心。

总有人问张幼仪到底爱不爱徐志摩。晚年洗尽铅华的她这样回

## 附录一
## 徐志摩生命中的三个女人

答："你晓得，我没办法回答这个问题。我对这问题很迷惑，因为每个人总是告诉我，我为徐志摩做了这么多事，我一定是爱他的。可是，我没办法说什么叫爱，我这辈子从没跟什么人说过'我爱你'。如果照顾徐志摩和他家人叫做爱的话，那我大概爱他吧。在他一生当中遇到的几个女人里面，说不定我最爱他。"

其实，在她心里早有答案。徐志摩是她命里的归宿，而她此生最难相忘，认定的故乡，亦当是海宁硖石。她的爱情，她的青春，她的一切，都留存在那个美丽的小镇。尽管年岁简短，与丈夫聚少离多，可她愿意用一生来等待，假如徐志摩一直给她等待的机会。

无论之后的张幼仪遭遇了什么，在商场、金融界是否风云得意，我皆不关心。在我心里，她始终是初时的张幼仪，一位俭朴清淡、端庄贞静的民国女子。她于廊下洒扫庭除，于厅堂织布吃茶，于屋内执笔教子。她不骄不媚，却沉静婉约，浊乱浮世，无可惊扰。

她就是这样的女子，不够华丽鲜妍，更不花枝招展，着素净的绣裙就胜过民国春风陌上的莺莺燕燕。

开到荼蘼花事了，她之后，再无人叫张幼仪。

### 你是人间四月天——林徽因

多雨江南，烟水迷离，窗外百翠千红，干净如洗。这美好的人间四月恰如韶华锦时，温婉多情，又明丽清白。看如画春光，良辰美景，世间的荒芜和苍凉仿佛不曾有过。

有那么一个女子，永远活在人间四月天，虽经人世百年，却始终轻灵纯净，红颜不老。她白衣翩然，美如菡萏，风姿绰约，却始终清淡如水，不生哀怨，亦不诉离殇。有时觉得，她像是诗卷里走出来的江南女子，深情款款，撩人心醉。有时又觉得，她是行走在红尘阡陌的女子，来自云烟人家，简约朴素。

## 附录一

### 徐志摩生命中的三个女人

都说她是人间高贵的女神,是人间四月美丽的莲花,是爱,是暖,是希望,是娉婷。可寻常光阴里,她分明只是寻常的女子,在姹紫嫣红、柳烟成阵的春色里,和某个人过着相濡以沫、细水长流的日子。

她是林徽因,民国女子,大家闺秀,端然清丽,高贵典雅。她像是春水春雨煮的一壶茶,清香淡远,韵味无尽。这壶茶在纷乱的民国世界含蓄婉转,优雅情深。许多人于人世奔走,历千劫百难已是沧桑难言,而她遍踏河山,世事过尽,始终曼妙姿态,明净洒然。

这个女子一世聪慧,一世清醒,一世无尘。无论是于情感,还是于事业,她似乎都做到了从容随意,无多瓜葛。她是淡然的女子,不争名利,不落爱恨,任何时候都收放自如,纵算落入泥淖,亦可洁白清新。

有人说,林徽因将民国芳华占尽,再无人像她那般纯美洁净。亦有人说,林徽因一生活得太隐忍、太谨慎、太认真,以至于失去了烟火情味。她素净天然,按照自己的方式于人世修身修心,不偏不倚,不进不退。她的醒透让人觉得太过无情,她的柔婉又似一树一树花开,似燕子的呢喃,不胜娇羞。

> 我用尽青春
> 只为寻你

那时的她不过是个烂漫少女，情窦初开，却又不懂情事。只怪康桥太美，怪那金柳夕照、晚风柔波，还有那招摇的水草，彩虹的梦。在异国他乡，那么美好的情境，偏生邂逅那样一位倜傥多情、风流潇洒的江南才子。

她素衣淡妆，于他恍若天人。他多年漂泊流转，只为了等候一位让他一见倾心的女子。而她，恰好途经了他的山水，触动了他的灵魂。尽管那时的他已有妻室，可他愿自由如风，走进她的世界，给她全部的爱和暖。

康桥为媒，夏虫亦知情意，他沉醉在爱河里无法自拔，日日为她写诗写信，倾诉相思，愿与她执手红尘，不惧浪涛。她却腼腆矜持，面对这般炽热的爱有些不知所措。初恋令她甜蜜幸福，亦忧伤惶恐。他的如影相随，他的一往情深，让她避无可避，却又迟疑难安。

她曾说过："我懂得，但我怎能应和？"冰雪聪明的林徽因又怎会不懂徐志摩对她的爱，但她深知他是已婚男子，又怎敢轻易应和。她亦有情，可面对他，她力不从心，惊恐无助。倘若成全爱情，她则会将自己逼入狭窄小径，难以解脱。

## 附录一
### 徐志摩生命中的三个女人

她害怕道德的谴责和批判,害怕世人的流言蜚语,更怕伤人误己。她清淡温婉,秀丽轻灵,怎经得起破碎。徐志摩为了给她完整全部的爱,毅然和张幼仪离婚,林徽因却悄然决绝转身,独留他一人在康桥寻觅等待,慢慢疗伤。

她选择平静清淡地活着,和梁思成携手相牵,共拥安稳现世,免流离,免漂荡,免惊吓。他不能陪她吟诗看月,赏花品茗,亦无浪漫情怀,却给她平淡温暖,与之同赴建筑事业,共看寥廓星辰。

有些人适合相爱,却不适合相守。林徽因对徐志摩或许没有足够的爱,只是有情,所以她可以割舍这段缘分,甘愿和梁思成举案齐眉,相濡以沫。遗憾自然是有,但她的恬静从容让徐志摩连怪罪的理由都没有。此后,与之成为知己至交,闲暇时谈诗论词,亦是风雅之事,亦可解内心忧愁。

并非林徽因不懂爱,而是她懂得将华丽深藏,只留清颜于人间。她以为躲过了一场尘缘,从此便可以相安无事,却不知,她的美足以倾倒众生,令无数男子为之沉醉痴迷。

金岳霖便是那个追随了她一生的人,他的痴心不已,他的默默关爱,他的如影随形,令她内心辗转难安。她不是一个轻易动心的女子，却经不起光阴温柔的等待，她亦会有情难自禁之时。况她一袭病骨，柔弱身姿，总会在某个孤独的瞬间被感动填满。

林徽因对梁思成说："我苦恼极了，因为我同时爱上了两个人，不知道怎么办才好。"而这个人则是朝暮为之守候的金岳霖。梁思成给了她宽容良善的答案，他说："你是自由的，如果你选择了老金，我祝愿你们永远幸福。"

爱是陪伴，是相守，是不离，更是放手，是成全。所有的勉强，所有的为难，都是对爱的约束，对别人的残忍，对自己的惩罚。当初徐志摩落寞转身，多少悲痛难舍亦只是为了成全。就如同张幼仪成全他一样，一对花烛夫妻成了陌上行人，亦是无悲无喜。

毕竟是凡人，林徽因又怎能对金岳霖的一往情深而无动于衷。她已然辜负了徐志摩，如今终究还是要辜负金岳霖。动情不是一种罪过，掩藏更令人心力交瘁。但林徽因不忘初心，始终清醒自持，不敢生妄念，怕落入情感的旋涡无法抽身。她对金岳霖此一生皆是若即若离，不犯秋毫，却令他甘愿深情追随，终生未娶。

她所去之处皆可见他的身影。他陪她颠沛流离，为其端茶递药，他是知己亲朋，亦为君子良人。相识一场，缘系一生，他对她别无所求,只愿每日相伴左右,远远看着亦觉满足。她虽有愧,却不肯打破这样的美好,任凭距离将他们搁置在时光两岸,聚散依依。

人间有情亦有恨,有不舍,有虚妄,有执念,亦有绝望。所有的过程,所有的努力,都只是为了过好这一生。名利可抛,年华可抛,唯情爱缚人,驱散不去,割舍不尽。待尽时,又觉得曾经的自己并没有那么情深义重。

林徽因看似一生徘徊在情海之外,却又悲喜亲尝,离合关己,没能真的置身事外,没能彻底从容超脱。她幸福吗?她应该是幸福的,她所爱之人,无论是否真正拥有,皆将其藏于心间,一世不忘。

徐志摩对她没有忘情,梁思成与之恩爱一生,金岳霖更以终生未娶作为情深的表白。她爱诗文,爱建筑事业,她爱那盛妆明丽的人间四月天。她洁净美丽,优雅淡然,白衣素颜穿行于民国街巷,令多少人悄然止步,为之频频回首。

她亦有不能尽心尽情之人,有不可顺心顺意之事,但她的聪慧明净,她的清醒通透,足以抵销所有的喧扰与繁难。与其坐于轩窗小楼忧心愁闷，不如散漫于山水间寻幽觅趣。她时而低眉写字，沉静风流，时而信步天涯，洒然快意。她像旧时女子温婉贞丽、纤弱静美，又与时代同步，历万水千山，看浩荡山河，步步生莲。

她心性恬淡，对名利情爱皆留有余地，凡事不肯过尽，故一生没有太多的起伏波折。纵有落魄，亦为时代所致，却也坦然走过，无多遗憾。她的清澈让她此生没有太多纠缠，更无大的破碎，所以无论何时，她都是四月的春风，徐徐缓缓，让人无有疼痛之感。

红颜终是薄命，体弱多病的林徽因最后经不起病痛消磨，死于病榻之上。她不为情而生，也非为情而死。若不是病，她会让自己好好地活下去，一直活到鸡皮鹤发，依旧美丽惊心。她到底不肯招摇，纵是死，也那么温柔安静，不给任何人带去伤痛，一如她活着之时。

金岳霖为林徽因写了挽联："一身诗意千寻瀑，万古人间四月天。"这个诗意美好的女子据说死在人间四月，她是陌上游春赏花去了，忘了归路。无论去往哪里，她依旧是她自己，不与世人同忧共乐，素净到不染纤尘。

她生命中三位重要的男子亦各有归宿。徐志摩早在多年前已英年早逝，魂归故里。梁思成为求一份相依相伴，多年后娶了他的学生林洙。而金岳霖则守着过往的回忆，独自终老。爱与爱不同，是否情深唯有自己知道，有些人厮守一生，却抵不过刹那的对视。

世间的遇合离散只消一炉香的时间。她亦只是匆匆来过人间一场，她与人与景皆真实可亲。放逐情海，又不落爱恨情怨；投身建筑，又不理兴亡沧桑。她就是这样一个民国佳人，端然红尘，飘逸世外。

四月的江南烂漫而庄严，有一树一树的花开。四月的江南烟雨迷蒙，油纸伞下不知遮住了多少无理的情缘。人世之劫，她亦没能轻易走过，可她却是民国世界春风亭园里那朵初荷，自然有情，婉兮清扬。

## 一生爱好是天然——陆小曼

"原来姹紫嫣红开遍,似这般都付与断井颓垣。良辰美景奈何天,赏心乐事谁家院。朝飞暮卷,云霞翠轩,雨丝风片,烟波画船。……"始终觉得昆曲是有妖法的,经悠悠岁月,迢遥山水,随烟雨逶迤而来。

烟雨浸润的江南有种情愫让人萦绕不去,像昆曲婉转缠绵,温柔缱绻。我一生爱琴棋书画诗酒茶,爱山水草木,也爱戏曲。时常沉醉于一场幻梦,不肯醒转,不知是惧怕世俗相催,还是骨子里真的爱上这部演绎了千年的戏文。

## 附录一
### 徐志摩生命中的三个女人

在民国，有一位女子如同昆曲一般风情旖旎，也有妖法。她像是开在牡丹亭畔的芍药，烂漫多情，热烈喧闹，不顾朝夕，难管难收。她看似将百味世情过遍，却始终在自己的世界里肆意悲喜，与人无尤。岁月在她身畔不过是柳绿和花红，丝毫无牵无碍。

可这样的女子恰如婉转的昆曲，有着倾倒众生的魅力，让人一旦爱了，便可生可死。她算是幸运的女子，出身书香名门，家世显赫，是父母的掌上明珠，生得玲珑秀丽，冰雪聪明，接受过时尚典雅的西式教育，美艳与风华无可遮掩。

她十几岁便通英法两国语言，能流利地弹钢琴，擅长精致的油画，写得一手漂亮的蝇头小楷。她是学校的跳舞皇后，出席外交场合更是惊艳四座。韶华之时，便与上海的唐瑛获得"南唐北陆"的美称。

她就这样被时光恩宠数年，鲜花着锦，没有波澜。又在最好的年华觅得佳婿，嫁给江南才俊、军界名流王赓。他的英武不凡、出类拔萃令多少名媛佳丽追慕。正是这场看似完美的婚姻让陆小曼从此陷入悲苦和寂寞中，不能释怀。

陆小曼，多么风情浪漫的女子，她妖娆妩媚，招摇任性。王赓的爱太过稳重,太过传统,少了温软与柔情,他们之间不能灵魂相通。像陆小曼这样妖精一般的女子,无法做一个安分持家、端庄顺从的太太,她需要轻歌曼舞,需要肆意寻欢。

乏味枯燥的婚姻生活让她寂寞如烟,每日只能沉迷于灯火璀璨的舞池,或于剧院喝茶、听戏,放纵自己。陆小曼曾这样说:"婚后一年多才稍懂人事,明白两性的结合不是可以随便听凭别人安排的,在性情与思想上不能相谋而勉强结合是人世间最痛苦的一件事。当时因为家庭间不能得着安慰,我就改变了常态,埋没了自己的意志,葬身在热闹生活中去忘记我内心的痛苦。又因为我娇慢的天性不允许我吐露真情,于是直着脖子在人面前唱戏似的唱着,绝对不肯让一个人知道我是一个失意者,是一个不快乐的人。"

就在她心无可依、情爱无主时,遇见了民国才子徐志摩。那时的徐志摩恰好在一场康桥之恋中失意落魄,舐血疗伤。他说:"我将于茫茫人海中访我唯一灵魂之伴侣;得之,我幸;不得,我命,如此而已。"可谁不知那场无果的爱恋将他伤得多深。他从遥远的康桥仓皇归来,不知所措,寂寥无依。

两个失意之人有了一次金风玉露的相逢,便再也难忘难舍。她风情绝代,若空谷幽兰,又似夜半海棠,让人刻骨惊心。她的美完

## 附录一
### 徐志摩生命中的三个女人

全不同于林徽因,她并非出尘脱俗,恰有浓郁的烟火情味,又朴素清淡。她无须修饰,便清雅风致,百态千姿,光彩照人。

她分明有妖术,不施脂粉,不着华服,就已风采翩然,夺人心魄。徐志摩对她说:"我爱你朴素,不爱你奢华,你穿上一件蓝布袍,你的眉目间就有一种特异的光彩,我看了心里就觉着不可名状的欢喜。朴素是真的高贵,你穿戴齐整的时候当然是好看,但那好看是寻常的,人人都认得的,素服时的眉有我独到的领略。"

徐志摩的出现让陆小曼决意不再欺人骗己地活着,她需要给情感一个交代。她沉浸在恋爱的幸福和甜蜜里,也被烦恼和痛苦折磨。丈夫的不肯放手,父母的步步相逼,世俗的流言碎语,让她在瞬间落入万丈深渊。原以为爱是两个人之间的事,竟不知他们的爱惊扰、伤害了别人,也捆缚了自己。

那是一场漫长的、没有硝烟的情战,直到彼此伤痕累累、再无力争论时,方有了结局。他们情根深种,让王赓自知覆水难收,决意成全。这个在官场和战场上叱咤风云的男子,不是对徐志摩妥协,而是对爱妥协,他知道,任何的拖延和挽留都将是冷清的散场。他愿放手,甘于认输,只为留存最后的尊严和骄傲。

有情人终成眷属,自当是倍加珍爱珍惜。人生福祸相依,陆小曼得到了爱情,却失去了做母亲的权利。但为了这场刻骨铭心的爱,她无怨无悔。人生苦短,尘梦悠悠,她只想拥有当下,和至爱之人温柔情深,静守日长。

尽管他们的爱情不被众生所祝福,但陆小曼依旧沉浸在自己的幸福里,不为取悦任何人。尽管他们在婚宴上被徐志摩的恩师梁启超痛训,却始终紧握彼此的手,无惧无伤。婚后,他们在硖石小镇度过了几个月神仙般的生活。

山水清流,草木香远。这里远离尘嚣,无有烦扰,更听不见流言,看不到纷纭世态。两个情怀相当的人在一起栽花种草,吟诗作画,喝酒吃茶,逍遥快活。辰光荡漾着无限的温柔,梦里依稀看不到岁月往来,唯有彼此寂静相守,幸福安宁。

倘若不是那场该死的战争,陆小曼和徐志摩不会那么匆匆奔往上海。或许,陆小曼与硖石的缘分只有这么深,或许,她命定的归宿始终是十里洋场。经受几月灾难的煎熬,体弱的陆小曼染上了一身的病。以后的日子,她便是无日不同药炉做伴,亦是因为病,让她变得懒散放纵、任性妄为。

他们住进了法租界福熙路一套摩登的三层小洋房，陆小曼从此在这座小洋房里打牌跳舞，会客见友，唱戏喝酒，甚至抽上了鸦片。她奢侈骄纵，铺张浪费，请用人，雇长期司机、厨师，包剧院，光顾赌场，捧戏子，懒散随性，挥霍无度。

她风华正茂，有足够的气场，有倾世的容颜，她就是经不起繁华的诱惑，哪怕透支所有，只要尽欢，亦是甘愿。这个女子不将世间百媚千红过尽誓不罢休。她从不问钱来自何处，只要喜欢的东西，亦不问需不需要，皆买回家。她贪吃贪玩，凡是好的，她皆想要，而徐志摩则对她千恩万宠，倾其所有只为图她欢心。

陆小曼素日慵懒贪玩，又体弱多病，徐志摩为她遍访名医，终不得效。后结识了翁瑞午，他有一手推拿绝技，每次为陆小曼推拿，手到病除。亦因此，翁瑞午和陆小曼之间有了罗襦半解，妙手抚摩的机会。

此后，翁瑞午成了陆小曼家里的常客，而他亦是慷慨大度之人，对陆小曼和徐志摩时有资助，甚至不惜变卖家藏古董字画。为了减缓病痛，翁瑞午让陆小曼吸食鸦片，从此他们时常共躺在一张烟榻上，一起吞云吐雾，忘乎所以。

这鸦片一吸就是20年，陆小曼自此再也离不开翁瑞午，离不开阿芙蓉。她与徐志摩之间开始有了矛盾、争执，生了厌倦与隔阂。为了供应陆小曼无休止的奢侈挥霍，徐志摩辞了上海的教职，任北京大学教授。他每日疲于奔命，稍有闲暇便伏案写作挣取稿费，窘迫之时甚至做起了房产生意。

可尽管如此，他所挣的银钱始终不够陆小曼的用度。两地分离，相思熬煎，让他短短半年在北京和上海间往返了八次。为了省俭开支，徐志摩乘坐免费的邮政航班，如此天南地北的相离最终让徐志摩遭遇了劫数。

明明相爱的两个人在一起却丝毫找不到温情蜜意。他奔走于乱尘俗世，她颓废于烟榻戏曲，最后一次争吵让他负气离开，转身离去，再也没有归来。他登上了一架亡命飞机，葬身于山林谷底，幻化为云，飘然远去。

他用死亡的方式来唤醒沉迷于烟雾的陆小曼。陆小曼说："这一下完了他——也完了我。"徐志摩意外丧生，世人将所有错过归于陆小曼，她亦因此得了个红颜祸水的骂名。她早已不在乎，她自是后悔莫及，更无意外界的争闹，愿将一切罪名独自承担。

## 附录一
### 徐志摩生命中的三个女人

这世上没有谁有资格去指责、批判一个人,她只是甘愿惩罚自己。自徐志摩离世,陆小曼亦断绝红尘,一身素服,闭门谢客。从此,上海滩的舞场剧院再不见她妖娆身影,她每日守着徐志摩的遗像,孤独度日。

她深居简出,每日潜心于家中编就徐志摩的遗文,其中包括了信件、日记、诗歌等。这一过就是几十载,其间病痛缠身,贫困潦倒,落魄到卖画为生。她与徐志摩欢爱五年,被他恩宠了五年,却用一生的时光为他呕心沥血,为他苍凉老去。这样有情有义的女子如何不让人生敬,不让人感动?

尽管翁瑞午一直陪伴,为她端茶试药,但她心里始终不忘徐志摩,与之魂魄相通。后来,翁瑞午也死了,没有任何依靠的陆小曼安心作画,自食其力,甚至戒掉了鸦片,过上纯净的生活。她已落尽繁华,美人迟暮,却依旧努力地活着,用一朝一夕的日子勇敢地过完这悲欣交集的一生。

晚年的陆小曼过着孤冷凄凉的日子。她说:"过去的一切好像做了一场噩梦,甜酸苦辣,样样味道都尝遍了。……我又没有生儿育女,孤苦伶仃,形单影只,出门一个人,进门一个人,真是海一般深的凄凉和孤独。"

她病了，一病不起，挨过了寒冷的冬天，最终死在了杏花如雪的春日。她唯一心愿则是和徐志摩合葬，不负此生爱恋。但她的遗愿终成憾事，她被辗转葬于姑苏太湖之畔，与徐志摩的硖石故里隔了山水，只能遥遥相望，无聚无离。

她的灵堂只有一副挽联，恰如她悲凉的一生。"推心唯赤诚，人世常留遗惠在；出笔多高致，一生半累烟云中。"这样一个曾经倾倒众生、惊艳时光的女子，死后亦不过是一抔尘土，如光阴里的片影飞花，不留痕迹。那些爱过她的人，追慕过她的人，又都去了哪里？

都说她是毒药，却不知中毒至深的是她自己。一代民国才女，亦如同凡人这般，尝尽离合爱恨，经受生老病死，甚至比寻常人更多了劫数灾难。在世人心中，她是个不够完美的女子，甚至许多人用言语将之批判。可她在我心里，是个有情味、有气节的女子。

陆小曼亦有浪漫情怀，美好寄托。她渴盼一位执守相依的人，一起赌书泼茶，听雨赏月，或在山中做人间仙侣，或于世俗做一对烟火夫妻。只要快乐尽意，怎样活法都好。其实她并不挑剔生活，她此生只是想做真实的自己，爱自己所爱的人，过自己想过的日子，不想惊扰别人，亦不愿被人所惊扰。

## 附录一
### 徐志摩生命中的三个女人

她看似烟火缭乱，实则纯粹清白。她任性招摇，放纵不羁。唯有她敢于倾国倾城，也不惧落魄潦倒。唯有她看似过尽荆棘丛生的人世之路，却分明无伤无恙。若说有错，则是她活得太真，爱得太深，于生活太过尽意，不留余地。这样的女子在民国乱世行走，是多么不易，又多么无辜。

她说，时光如雨，我们都是在雨中行走的人，找到属于自己的伞，建造小天地，朝前走，一直走到风停雨住，美好晴天。可她的世界一直下着纷纷细雨，直到死，亦没有风停雨住，不见美好晴天。

她途经了民国，成了民国一道最别致、最美丽的风景。多少人误解她、责备她，又可知她明心见性，可知她一生爱好是天然？

# 附录二
# 徐志摩诗歌选

### 雪花的快乐

假如我是一朵雪花,
翩翩的在半空里潇洒,
我一定认清我的方向——
飞扬,飞扬,飞扬——
这地面上有我的方向。

不去那冷寞的幽谷,
不去那凄清的山麓,
也不上荒街去惆怅——

附录二
徐志摩诗歌选

飞扬,飞扬,飞扬——
你看,我有我的方向!

在半空里娟娟的飞舞,
认明了那清幽的住处,
等着她来花园里探望——
飞扬,飞扬,飞扬——
啊,她身上有朱砂梅的清香!

那时我凭借我的身轻,
盈盈的,沾住了她的衣襟,
贴近她柔波似的心胸——
消溶,消溶,消溶——
溶入了她柔波似的心胸!

(此诗写于1924年12月30日。
发表于1925年1月17日《现代评论》第一卷第六期。)

## 沙扬娜拉一首
### 赠日本女郎

最是那一低头的温柔,
像一朵水莲花不胜凉风的娇羞,
道一声珍重,道一声珍重,
那一声珍重里有蜜甜的忧愁——
沙扬娜拉!

（此诗是组诗《沙扬娜拉十八首》中最后一首,
写于1924年5月随泰戈尔访日期间。
此诗收入《新月诗选》。
沙扬娜拉：日语"再见"的音译。）

附录二
徐志摩诗歌选

## 偶 然

我是天空里的一片云,
偶尔投影在你的波心——
你不必讶异,
更无须欢喜——
在转瞬间消灭了踪影。

你我相逢在黑夜的海上,
你有你的,我有我的,方向;
你记得也好,
最好你忘掉,
在这交会时互放的光亮!

(此诗发表于1926年5月27日《诗镌》第9期。)

我用尽青春

　　只为寻你

### 云　游

那天你翩翩的在空际云游,
自在,轻盈,你本不想停留
在天的那方或地的那角,
你的愉快是无拦阻的消遥。
你更不经意在卑微的地面
有一流涧水,虽则你的明艳
在过路时点染了他的空灵,
使他惊醒,将你的倩影抱紧。

他抱紧的只是绵密的忧愁,
因为美不能在风光中静止;
他要,你已飞渡万重的山头,
去更阔大的湖海投射影子!
他在为你消瘦,那一流涧水,
在无能的盼望,盼望你飞回!

（此诗曾以《献词》为题编入《猛虎集》。）

### 生 活

阴沉，黑暗，毒蛇似的蜿蜒，
生活逼成了一条甬道，
一度陷入，你只可向前，
手扪索着冷壁的黏潮，

在妖魔的脏腑内挣扎，
头顶不见一线的天光，
这魂魄，在恐怖的压迫下，
除了消灭更有什么愿望？

五月二十九日

（此诗发表于1929年5月10日《新月》2卷3期。）

我用尽青春
　只为寻你

## 黄　鹂

一掠颜色飞上了树。
"看，一只黄鹂！"有人说。
翘着尾尖，它不作声，
艳异照亮了浓密——
像是春光，火焰，像是热情。

等候它唱，我们静着望，
怕惊了它。但它一展翅，
冲破浓密，化一朵彩云；
它飞了，不见了，没了——
像是春光，火焰，像是热情。

　　　　　（发表于1930年2月《新月》2卷12号。）

### 火车擒住轨

火车擒住轨,在黑夜里奔:
过山,过水,过陈死人的坟;

过桥,听钢骨牛喘似的叫,
过荒野,过门户破烂的庙,

过池塘,群蛙在黑水里打鼓,
过噤口的村庄,不见一粒火;

过冰清的小站,上下没有客,
月台袒露着肚子,像是罪恶。

这时车的呻吟惊醒了天上
三两个星,躲在云缝里张望:

那是干什么的,他们在疑问,
大凉夜不歇着,直闹又是哼,

长虫似的一条,呼吸是火焰,
一死儿往暗里闯,不顾危险,

就凭那精窄的两道，算是轨，
驮着这份重，梦一般的累坠。

累坠！那些奇异的善良的人，
放平了心安睡，把他们不论

俊的村的命全盘交给了它，
不论爬的是高山还是低洼。

不问深林里有怪鸟在诅咒，
天象的辉煌全对着毁灭走；

只图眼前过得，裂大嘴打呼，
明儿车一到，抢了皮包走路！

这态度也不错，愁没有个底；
你我在天空，哪天也不休息，

睁大了眼，什么事都看分明，
但自己又何尝能支使运命？

说什么光明，智慧永恒的美，
彼此同是在一条线上受罪；

就差你我的寿数比他们强,

这玩艺反正是一片糊涂账。

(此诗原名《一片糊涂账》,是徐志摩最后一篇手稿。此诗收入《新月诗选》。)

我用尽青春
只为寻你

### 呻吟语

我亦愿意赞美这神奇的宇宙，
我亦愿意忘却了人间有忧愁，
像一只没挂累的梅花雀，
清朝上歌唱，黄昏时跳跃——
假如她清风似的常在我的左右！

我亦想望我的诗句清水似的流，
我亦想望我的心池鱼似的悠悠；
但如今膏火是我的心，
再休问我闲暇的诗情？——
上帝！你一天不还她生命与自由！

（此诗发表于1925年9月3日《晨报副镌》。）

## 苏 苏

苏苏是一个痴心的女子:
像一朵野蔷薇,她的丰姿;
像一朵野蔷薇,她的丰姿——
来一阵暴风雨,摧残了她的身世,

这荒草地里有她的墓碑:
淹没在蔓草里,她的伤悲;
淹没在蔓草里,她的伤悲——
啊,这荒土里化生了血染的蔷薇!

那蔷薇是痴心女的灵魂,
在清早上受清露的滋润,
到黄昏时有晚风来温存,
更有那长夜的慰安,看星斗纵横。

你说这应分是她的平安?
但运命又叫无情的手来攀,
攀,攀尽了青条上的灿烂,——
可怜呵,苏苏她又遭一度的摧残!

(此诗发表于1925年12月1日《晨报七周年纪念增刊》。)

> 我用尽青春
> 只为寻你

## 残 破

一

深深的在深夜里坐着:
当窗有一团不圆的光亮,
风挟着灰土,在大街上
小巷里奔跑:
我要在枯秃的笔尖上裊出
一种残破的残破的音调,
为要抒写我的残破的思潮。

二

深深的在深夜里坐着:
生尖角的夜凉在窗缝里
妒忌屋内残余的暖气,
也不饶恕我的肢体,
但我要用我半干的墨水描成
一些残破的残破的花样,
因为残破,残破是我的思想。

三

深深的在深夜里坐着,

左右是一些丑怪的鬼影：
焦枯的落魄的树木
在冰沉沉的河沿叫喊，
比着绝望的姿势，
正如我要在残破的意识里
重兴起一个残破的天地。

四

深深的在深夜里坐着，
闭上眼回望到过去的云烟：
啊，她还是一枝冷艳的白莲，
斜靠着晓风，万种的玲珑；
但我不是阳光，也不是露水，
我有的只是些残破的呼吸，
如同封锁在壁椽间的群鼠，
追逐着，追求着黑暗与虚无！

（此诗收入《猛虎集》。）

我用尽青春
只为寻你

### 再别康桥

轻轻的我走了,
正如我轻轻的来;
我轻轻的招手,
作别西天的云彩。

那河畔的金柳,
是夕阳中的新娘;
波光里的艳影,
在我的心头荡漾。

软泥上的青荇,
油油的在水底招摇;
在康河的柔波里,
我甘心做一条水草!

那榆荫下的一潭,
不是清泉,是天上虹
揉碎在浮藻间,
沉淀着彩虹似的梦。

寻梦？撑一支长蒿，
向青草更青处漫溯，
满载一船星辉，
在星辉斑斓里放歌。

但我不能放歌，
悄悄是别离的笙箫；
夏虫也为我沉默，
沉默是今晚的康桥！

悄悄的我走了，
正如我悄悄的来；
我挥一挥衣袖，
不带走一片云彩。

（此诗发表于1928年12月《新月》1卷10期，
并收入《新月诗选》。）

我用尽青春
只为寻你

### 夜半松风

这是冬夜的山坡,
坡下一座冷落的僧庐,
庐内一个孤独的梦魂:
在忏悔中祈祷,在绝望中沉沦——

为什么这怒叫,这狂啸,
鼍鼓与金钲与虎与豹?
为什么这幽诉,这私慕?
烈情的惨剧与人生的坎坷——
又一度潮水似的淹没了
这徬徨的梦魂与冷落的僧庐?

(此诗发表于1924年7月11日《晨报·文学旬刊》。)

附录二
徐志摩诗歌选

## 我不知道风是在哪一个方向吹

我不知道风
是在哪一个方向吹——
我是在梦中,
在梦的轻波里依洄。

我不知道风
是在哪一个方向吹——
我是在梦中,
她的温存,我的迷醉。

我不知道风
是在哪一个方向吹——
我是在梦中,
甜美是梦里的光辉。

我不知道风
是在哪一个方向吹——
我是在梦中,
她的负心,我的伤悲。

我用尽青春
　　只为寻你

　　　　我不知道风
　　　　是在哪一个方向吹——
　　　　我是在梦中,
　　　　在梦的悲哀里心碎!

　　　　我不知道风
　　　　是在哪一个方向吹——
　　　　我是在梦中,
　　　　黯淡是梦里的光辉。


　　　（此诗写于1928年,发表于《新月》创刊号。）

### 丁当——清新

檐前的秋雨在说什么?
它说摔了她,忧郁什么?
我手拿起案上的镜框,
仕地平上摔一个丁当。

檐前的秋雨又在说什么?
"还有你心里那个留着做什么?"
蓦地里又听见一声清新——
这回摔破的是我自己的心!

(此诗发表于1925年12月1日《晨报七周年纪念增刊》。)

我用尽青春
只为寻你

## 私 语

秋雨在一流清冷的秋水也①，
一棵憔悴的秋柳里，
一条怯恰②的秋枝上，
一片将黄未黄的秋叶上，
听他亲亲切切嘁嘁喳喳，
私语三秋的情思情事，情语情节。
临了轻轻将他拂落在秋水秋波的秋晕里，一涡半转，
跟着秋流去。
这秋雨的私语，三秋的情思情事，
情诗情节，也掉落在秋水秋波的秋晕里，一涡半转，
跟着秋流去。

（此诗发表于1923年4月30日《时事新报·学灯》。）

① "也"疑为"池"。
② "恰"疑为"懦"。

## 月下待杜鹃不来

看一回凝静的桥影,
数一数螺细的波纹,
我倚暖了石栏的青苔,
青苔凉透了我的心坎;

月儿,你休学新娘羞,
把锦被掩盖你光艳首,
你昨宵也在此勾留,
可听她允许今夜来否?

听远村寺塔的钟声,
像梦里的轻涛吐复收,
省心海念潮的涨歇,
依稀漂泊踉跄的孤舟;

水粼粼,夜冥冥,思悠悠,
何处是我恋的多情友?
风飕飕,柳飘飘,榆钱斗斗,
令人长忆伤春的歌喉。

(此诗发表于1923年3月29日《时事新报·学灯》。)

## 附录三
## 徐志摩年谱

**1897年，1岁**

1月15日生于浙江省海宁硖石镇保宁坊徐氏老屋第四进楼上。父徐申如25岁，母钱慕英23岁。

**1900年，4岁**

入家塾开蒙。

**1907年，11岁**

入硖石开智学堂。

**1909年，13岁**

冬，毕业于硖石开智学堂。

**1910年，14岁**

春，与表兄沈叔薇同入杭州府中求学。

**1911年，15岁**

秋，辛亥革命起，杭州府中停办，回硖石老家自修。

**1913年，17岁**

春，府中重新开办，返校读书。于校刊《友声》一期上发表《论小说与社会之关系》一文。与张幼仪订婚。

**1915年，19岁**

夏，府中毕业。即考入北京大学预科。12月5日，与张幼仪结婚。因结婚返乡，遂辍学。后改入上海浸信会学院暨神学院（即沪江大学前身）读书，后肄业。

**1916年，20岁**

秋，入天津北洋大学预科。

**1917年，21岁**

因北洋大学法科并入北京大学，又回北京大学读书。

**1918年，22岁**

4月22日，长子徐积锴生于硖石旧宅。夏，由张幼仪之兄张君劢介绍，拜梁启超为师。8月14日，于上海乘"南京"号轮赴美留学，入克拉克大学历史学系。

我用尽青春
只为寻你

**1919年，23岁**

6月，毕业于克拉克大学，得一等荣誉学位。9月，入纽约哥伦比亚大学研究院习政治。

**1920年，24岁**

9月，获哥伦比亚大学硕士学位。10月，入剑桥大学研究院为研究生。结识林长民、林徽因父女。年底，张幼仪到伦敦。

**1921年，25岁**

春，经狄更生介绍，以特别生资格入剑桥大学王家学院，与张幼仪一起迁到沙士顿居住。8月，提出与张幼仪离婚。一周后，突然出走，张幼仪辗转赴德留学，徐志摩回到剑桥，开始写诗。

**1922年，26岁**

2月24日，次子德生（彼得）生于柏林。三岁夭折。3月，正式与张幼仪签署离婚协议。7月，拜访英国女作家曼殊斐儿。9月，自马赛起程回国。10月抵上海。约12月，前往北京，暂于松坡图书馆二馆工作，处理该馆英文信件。

**1923年，27岁**

春，应聘为北京大学英文系教授。暑期，应梁启超之邀，在南开大学暑期学校授课两星期，讲近代英文文学和未来诗派。8月11日，离京去北戴河。8月27日，祖母何太夫人逝世，赶回硖石。

**1924年，28岁**

与陆小曼相识于北京。3月，新月社成立。4月12日，印度诗哲泰戈尔访华抵上海,徐志摩担任翻译。5月8日,北京学界为泰戈尔召开祝寿会,会后演出英语剧《齐德拉》。6月,随泰戈尔赴日。暑中自日返,至庐山居半月。

## 1925年,29岁

约1月,与陆小曼交好。3月10日,起程赴欧。7月底,回到北京。10月,接编《晨报副刊》,同时任北京大学教授。

## 1926年,30岁

4月1日,《诗镌》创刊。10月3日,与陆小曼在北海举行结婚典礼。婚后回硖石老家居住。辞北大教授。12月,避战乱迁居上海。

## 1927年,31岁

应光华大学聘,担任翻译、英文小说派别等课教授。并兼东吴大学法学院英文教授。7月1日,新月书店正式开业。

## 1928年,32岁

仍在光华大学、东吴大学、大夏大学等校授课。3月10日,《新月》月刊创刊。同年发表与陆小曼合作五幕剧《卞昆冈》。6月,起程经日本赴美、英、印度等地游历。11月中旬回国。

## 1930年,34岁

在上海光华大学及南京中央大学任教,并任中英文化基金委员会委员。于该年拟办《诗刊》。

## 1931年，35岁

1月，至北京住胡适家，春节前南下过年。1月20日，《诗刊》创刊。后又返回北京住胡适家。4月，母亲钱太夫人在硖石病逝，南归奔丧。8月，《猛虎集》由新月书店出版。11月11日，乘飞机由北京南下，当晚乘火车回沪。11月19日，上午乘济南号飞机从南京起飞，抵徐州后继续北行，飞抵济南附近党家庄上空触山，机毁遇难。